나는 쉽게
상처받지
않는다

나는 쉽게 상처받지 않는다

오미영 지음

신아출판사

머리말

상처에 고민이 많았던 나 자신에게 이 책을 바칩니다.

상처를 쉽게 받는 사람들에게 이 책이 위로가 되길 바랍니다.
누구나 소소한 상처와 굵직한 상처는 매일 있습니다.
모두가 행복 할 때 나에게만 상처가 있는 날이 있습니다.
아이일 때 받았던 상처가 어른이 되었다고 상처가 치유되지는 않지만 우리는 상처를 통해 누군가의 마음을 이해하고 존중하는 계기가 될 수 있습니다.
그중에 나의 상처를 알고 이해한다면 타인의 상처를 공감하고 이해하는 순간을 마주하게 됩니다.
상처를 안다는 건 존중하는 마음을 알아간다는 것입니다.

우리가 가지고 있는 상처를 무조건 보듬어 주고 알아차려주는 눈길이 필요합니다.

상처가 되었던 기억들을 말하세요.

잊고 싶었던 상처를 말하세요.

과거의 상처가 오늘의 상처가 되고 미래에 상처가 나를 두렵게 만들지 마세요.

나에게 주는 상처도 존중받아야 합니다.

'존중하는 마음으로 상처를 바라보는 나에게 이 책을 바칩니다.'

차례

머리말 • 4

PART 1.

**상처받지 않고
관계 잘하는 법**

고민만 한다고 관계가 좋아지지 않는다 • 12
두 번은 참지만 세 번은 주홍글씨 • 16
공개적인 다이어트 • 20
네가 싫은 건 나도 싫어 • 24
듣고 싶은 말만 들을 수 없어 • 28
행동하지 않고 눈으로만 본다면? • 32
나는 누구인지? • 35
마음 빌려주기 • 39
실수를 외면하지마 • 43
오랑케: 오래 나랑 케미 있는 관계 • 45
나쁘다고 착하지 않은 것은 아니다 • 49
자신을 위해 일 다이어트를 했어요 • 53
꽃점 다이어트 • 56

봄의 사적인 위대함 • 60

PART 2

**할 말하면서
관계 잘하기**

뚱뚱한 인간관계에 만족하나요? • **64**
달달함에 숨어있는 병 • **67**
때론 인정받기 위해 발버둥 친다 • **71**
내가 왕따를 좀 알아 • **75**
사람 안에 사람을 가두지마 • **79**
감정보다 감성이 좋다 • **83**
비전은 무너지지 않는다 • **86**
속전속결보다 느리게 • **90**
멍들기 전에 소리 질러 • **94**
감정의 균형 맞추기 • **98**
따뜻한 상추쌈 다이어트 • **102**
두려운 성공보다는 도전하는 실패가 좋다 • **105**
행복한 자신감 • **108**
시키는 엉터리 말 바꾸기 • **112**

여름의 사적인 위대함 • **116**

PART 3.

부탁과 거절을 잘하는
관계 수업

생각만으로도 상처 줄 수 있다 • **122**
색깔 있는 성격 인정하기 • **126**
외로움을 즐기는 법 • **130**
'틀리다와 다르다'의 차이 • **134**
깊어지는 오해 구명조끼 입히기 • **138**
알면서 또 상처 준다 • **141**
잔소리는 넣어둬 • **145**
인간관계 요요가 더 어렵다 • **148**
선물 상자가 감사는 아니다 • **153**
흔들릴 때마다 아부하지 않는다 • **157**
성격 좋은 사람이 아프다 • **160**
인간관계 좋은 게 좋은 게 아니다 • **163**

가을의 사적인 위대함 • **167**

PART 4.

자존감 지키면서
만만해보이지 않는
나를 만나는 방법

힘들면 스트레스 극복하면 스트랭스 • 172
따라쟁이 되지 않기 • 176
그냥 '좋아요' 누르지마 • 179
예의는 내가 먼저 지킨다 • 182
출발선이 다르더라도 기다려 주자 • 186
공짜 없는 다이어트 • 190
상처에 연고 바르기 • 193
실패까지 믿어 주어야 하는 이유 • 196
떨어지는 감을 기다리지 말자 • 200
오른손에는 OK 왼손에는 NO • 203
똥고집에도 까닭이 있다 • 206
창피함이 아니라 도전이다 • 209

겨울의 사적인 위대함 • 214

에필로그 • 217
작가의 말 • 219

PART 1.

상처받지 않고 관계 잘하는 법

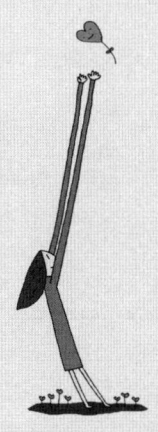

고민만 한다고 관계가 좋아지지 않는다

 우리가 상대방을 위해 대신 행복할 수 없고 대신 아파해 줄 수 없다. 또한 상대방의 고민이 나의 고민이 될 수 없고 나의 고민이 누구의 고민이 될 수도 없다. 때로는 내가 알리고 싶지 않은 고민이 소문나 있고 알리고 싶은 고민은 외면당하기도 한다. 적어도 행복은 같이 웃어 줄 수 있고 아플 때는 약이라도 사줄 수 있다.
 내가 의도하지 않은 것과 내가 의도하는 것의 관계는 사과 한입과 같다. 사과를 먹지 않아도 빨간 사과 향기가 달콤하게 느껴지는 것과 사과 한입 먹으며 아삭아삭 씹히는 달달한 사과는 맛있다. 먹지 전에 사과와 한입 먹은 사과는 그냥 사과다. 사과는 사과다.

"너 살쪘지?"

"응. 2kg정도 쪘어."

"살찌는 거 순간이다. 조심해. 몸매 관리해야지. 1kg 빼는 게 더 어려워."

원피스가 평소보다 꽉 끼는 건 마음이 답답해서일까? 나를 위하는 것 같은 말인데 맘이 씁쓸하다. 언니는 나에게 미리 다이어트에 도움이 될 거라고 해준 말이다. 나의 키는 162cm에 53kg의 몸무게다. 나의 몸을 다이어트를 해야 하는지 상처 받은 나의 비만 상처를 다이어트 해야 할지 고민이다. 가까운 사이, 동생과 언니 사이에서도 쉽게 오고가는 말에서도 상처받는다. 내가 고민하지 않는 것을 언니가 고민하는 것을 탓할 수는 없다. 하지만 나에게 말하는 의도는 왜 그럴까? '나의 고민이 아니라 60kg이 넘는 언니의 고민이야.'라고 말 할 뻔했다.

'좋아한다. 좋아하지 않는다. 좋아한다. 좋아하지 않는다.' 나뭇잎을 따며 마지막 남은 잎을 따기 전 엄지와 검지가 설렘으로 떨린다. 나뭇잎 한 장에 의미를 담고 있다. 사랑하는 사람에 대한 나의 마음을 모를 때 나뭇잎을 따며 관계에 답을 알 수 있을까? 고민한다고 사랑이 가까이 느껴지지는 않는다. 사랑하는 마음의 확신이 없는 관계라면 상처받을 고민도 하지 말아야 한다. 고민하지 말고 먼저 좋아하는지 사랑하는지를 물어보라고 말해주고 싶다.

생각하는 만큼 상상한다. 고민도 생각하는 만큼 상상하게 된다. 내가 무엇을 고민하는지 왜 고민하는지를 반복한다면 고민을 하는 이유만큼 답을 주지 않을까? '고도의 고민'을 할 때면 마음이 애가 타기도 한다. 서로가 좋아진다는 전제로 하는 나의 고민이다. 나만 고민한다고 관계가 좋아지지 않는다.

고민과 친해지지는 않는다. 반복되고 수정되기도 하는 과정에서 무수히 실수투성이다. 거리감을 두고 싶지만 제멋대로 생각하기를 시작한다. 우리의 관계에서 네 편 내 편 결과도 없다. 내가 만든 고민에 치열하게 싸우고 지치기도 한다. 화가 오르고 내리는 고민은 마음고생도 함께 한다. 내가 버티기를 고집 부린다.

알에서 나온 애벌레는 나뭇잎을 먹고 자라 번데기가 되어 다시 나비가 된다. 꿈틀거리는 열정으로 꿈꾸듯 잠시 번데기가 되어 나비가 되기 위해 고민을 쉴 수 있도록 한다. 쉴 새 없이 최선을 다해 몸부림을 요동친다. 하늘을 날기 위해 순간 나비는 날개를 접고 있었다.

나비가 번데기 껍질을 찢고 나올 때 무척 힘들어 보인다. 힘들어 보인다고 껍질 벗기를 도와준다면 나비는 세상에 건강하게 나올 수 없다. 스스로가 껍질을 벗고 나와야만 날개를 펴고 하늘을 날아간다. 하늘을 나는 순간을 위해 날개를 접고 있었다.

고민한다고 관계가 좋아지지 않는다. 지금은 '고민하지 마.' 너의 고민에 상처만 줄 뿐이야. 고민을 멈추고 나를 바라본다. 내 안에 고민이 잠시 의자에 앉아 하늘을 바라보고 있다. 구름과 구름이 겹겹이 바람과 함께 천천히 움직인다. 천천히.

우리는 고민이 있어 고민으로부터 자유롭게 날갯짓을 할 수 있다. 관계가 왜 좋아야 하는지에 대해 곰곰이 생각해 본다.

하늘에서 떨어지는 비를 조절하기는 어렵다면 잠시 비를 피해 본다. 우리의 고민을 해결하기 어려울 때는 10분의 쉬는 시간을 갖는다.

> 존중의 씨앗이 시작이다.
> 하루에 세 가지 나에게 고마운 말을 한다.

두 번은 참지만 세 번은 주홍글씨

"강의를 해봐요."라고 말하지만 기회를 주지 않는다. "무엇을 도와 줄 수 있을까요?" 물어보지만 도움을 주지 않는다. "노력은 한 거야?"라는 평가는 답을 정하고 말한다.

간절한 사람의 마음을 읽는 그들의 생각과 마음이 궁금해진다. 갈망하는 것을 알기에 더욱 배려하지만 금방이라도 찢을 수 있고 칼날을 세워 베어 버릴 수 있는 힘이 있다는 것을 알면서도 부드러운 표정과 말로 강한 부정의 도장을 찍는다.

가까이에 있는 사람이 기회조차 주지 않는다. 경계를 하고 부족한 자격을 알면서도 예외의 기회를 줄 수 있는 것처럼 말한다. 달달한 미끼의 믿음은 믿지 않는다. 내가 하고 있는 일에 대해 명확히 알고 기회를 잡아야 한다. 내가 하고자 하는 의지가 분명하다면 가능성 있는 것처럼 조건에 혹하지는 않는다.

내가 꾸는 비전이 진정한 비전이 된다. 강사에 대한 비전이 멀고 일방적인 방향이 아니라 우회하는 도로의 길을 가는 상황이어도 상관없다. 비전을 이루려고 하는 명확한 의지와 구체적인 계획으로 행동하면 된다. 꿈을 이루기 위해 비전을 마냥 시간이라는 길 위에 흐르게 한다고 꿈이 이루어지는 것은 아니다. 꿈에 대한 희망고문이 있더라도 흔들리지 말아야 한다.

두 번은 참지만 세 번은 주홍글씨다. 그럼에도 불구하고 나에게 긍정의 주홍글씨를 무장하듯 새겨본다.
"카페라떼 사다 줄 수 있어? 경비 지출하면 되잖아!"
강의 시작하기 30분 전 아직도 비겁한 심부름을 시키며 당당하다.
"다이어트 콜라로 부탁해."라고 개인 취향에 대해서는 확고하면서 '시키는 거나 해라.'라는 강한 메시지를 전한다.

사람의 마음에 구지 마음의 탄력을 무기력하게 만들어 상하관계의 주홍글씨를 써야만 직성이 풀리는 사람이 있다. 상대방을 배려하는 마음이 있었다면 상황이 바뀌었을까? 나에게 상처 주는 말들을 들으면서 일을 해야 할까? 상대방을 존중하는 말로 제안을 했다면 상처를 받지 않았을까? 상처회복탄력성이 순간적인 마음의 변화로 쉽게 변화되기는 어렵다. 존중하지 않는 대화로 상대방을 상처 주는 말에 참을성을 키우지 않는다.

상처받은 만큼 마음이 무거워지는 현상을 느낀다. 몸뿐만 아니라 마음의 상처도 다이어트를 해본다. 상처도 다이어트가 필요하다. 먼저 상대방이 주는 상처를 인정한다. 상대방이 상처 주고자 하는 의도가 없다고 하더라도 상처받는 사람의 주관적인 관점에서 상처는 상처다. 상처 다이어트를 위해 환경을 바꿔 운동을 하면서 상처가 주는 아픔을 잊기도 하고 마음에 담지 않는다. 분위기를 전환시켜 주홍글씨로 기억되지 않도록 한다. 상처를 다이어트하며 거절하는 힘으로 나로 산다.

첫 번째 거절은 선택이다. 두 번째 거절도 선택이다. 세 번째 거절 또한 선택이다. 나에게 주어진 선택은 내 것이다. 처음부터 끝까지 선택하는 것도 내 몫이다. 참는 어려움도 선택하는 용기도 내가 한다. 나를 위한 거절을 선택하면 나를 존중하는 삶을 선택하게 된다.

존중의 씨앗에 물을 준다.
참다 참다 터트리면 고통이다. 감정 또한 내가 선택해야 한다.

공개적인 다이어트

"나 ○○○는 오늘부터 100일간 저녁 6시 이후로는 금식하겠습니다."라고 저녁 8시 51분에 단체 카카오톡에 글이 올라왔다. 그녀의 글을 읽으며 응원하는 사람들이 많았다. 하지만 "동의하고 싶지 않아요. 미안해요."라고 단 한 사람은 글을 올려 주었다.

많은 사람들에게 자신의 공약을 공포하고 실천하려고 하는 결심에 그는 왜 반대했을까? 혼자할 수도 있지만 스스로가 결심에 대해 책임감을 가지고 실천하고 싶은 의지라고 생각한다.

"다이어트를 통해서 무엇을 얻고 싶으세요?"

"다이어트를 성공하면 자신에게 뭐라고 말하고 싶나요?"
"다이어트에 기대하는 것은 무엇인가요?"

그녀에게 다이어트를 왜 결심했는지 궁금해서 질문을 했다. 하지만 대답은 짧았다. 다이어트를 한 번이라도 성공하고 싶은 이유였다. 그녀는 매번 다이어트를 했지만 2~3kg정도 빠질 뿐 다시 하루가 지나면 살이 찌기를 반복해서 만족할 만한 다이어트 경험이 없었다. 그래서 음식 조절, 체중을 줄이거나 덜 먹기를 위하여 제한된 식사를 하는 것을 선택했다. 또한 혼자가 아니라 많은 사람들의 관심을 받으며 다이어트를 하기로 했다. 혼자서 해보기를 했지만 무엇보다도 모임에서의 함께 먹는 술과 음식들의 유혹을 뿌리치기 어려운 점이었다. 작심삼일이 아닌 6시 이후부터 음식을 먹지 않겠다는 약속에 대한 의지를 멈추지 않아야 한다. 오늘부터 다이어트를 하면 매 순간이 특별한 날이(스페셜 데이) 된다. 그녀 스스로를 위해 노력을 멈추지 말아야 한다.

그녀는 다이어트를 꾸준히 할 수 있었던 비결을 공유해 주길 제안했다. 다이어트 성공 후 최종적으로 입을 청바지를 선택한다. 몸에 맞는지 확인 후 사이즈가 작다면 사이즈별로 청바지를 준비한다. 다이어트는 곧 조각하듯 살깎기를 하는 것이다. 살깎기에 도움이 되는 방법은 마음을 조급하게 먹지 않는다. 먹고 싶은 음식이 많으면 조금씩 자주 먹는 방법으로 마음의 여유를 갖는다. 다이어트를 다그치지 않는다. 다이어트를 마음먹는 순간 살이 빠지지 않기 위해 몸은 더욱 똘똘 뭉치기 때문이다. 몸이 알아차리기 전에 몰래 다이어트를 해야 한다. 저녁 늦게 음식을 먹게 되거나 혹은 야식을 먹는 밤이면 최대한 늦은 점심을 먹으면 된다. 다이어트를 한다는 것을 몸이 모르게 해야 하는 것이 중요하다. 살깎기를 하면서 자기 전에 다시 한 번 입고 싶은 사이즈의 청바지을 입어 본다. 몸을 청바지에 맞추면서 살깎기 다이어트를 진행한다. 꼭 청바지가 아니어도 괜찮다. 최대한 효과를 얻을 수 있도록 하기 위해서는 스스로 동기부여가 되는 입고 싶은 옷을 찾아도 좋다.

'결심만 하는 다이어트를 왜 하나요?' 다이어트는 작심삼일을 반복하는 것이다. 마음 먹은 지 삼 일이 되지 못해 다시 삼 일을 마음먹고 계획하고 실천하기를 하면서 지속적인 다이어트가 되도록 한다. 그러기 위해서는 다이어트의 필요성이 명확해야 한다. 왜 다이어트를 해야 하는지 반복적으로 스스로에게 질문한다. 또한 다이어트를 통해서 무엇을 얻고 싶은지 스스로가 안다면 내가 원하는 다이어트에 대한 의지가 확실하다. 다이어트를 성공하면 자신에게 뭐라고 말하고 싶은지 큰 글씨로 한 문장을 적어 본다. 반복적인 다이어트는 음식을 먹을지 말지 선택해야하는 무감각 효과를 주기도 한다. 그럼에도 다이어트를 꾸준히 할 수 있었던 비결은 '작심삼일'이라고 말한다.

다이어트도 나를 존중하는 작은 습관의 힘이다. 작은 습관의 성공이 나를 존중하는 자존감으로 내가 원하는 다이어트에 계단이 되어주기 때문이다. 존중하는 힘을 경험해 본다. 작심삼일이 안 된다면 나를 존중하는 작심일일을 반복해 본다.

> 존중의 씨앗에 주기적으로 물을 준다.
> 나를 존중해야 한다. 나를 존중하는 것도 습관이다.

네가 싫은 건 나도 싫어

 목과 발이 길고 발가락은 두 개로 모래땅을 걷기에 좋다. 또 콧구멍을 스스로 닫을 수 있고 눈과 귀에는 털이 길고 많아 모래 바람을 막을 수 있다. 등에 큰 혹을 하나 또는 두 개를 가지고 있다. 사막에서 음식물 없어도 장시간 살 수 있고 가시 돋친 식물을 먹을 수 있는 강인한 생명력을 가졌다. 알파카와 라마의 생김새가 비슷한 이 동물은 낙타다.
 낙타는 뜨거운 태양의 혹독한 기후 조건도 버티며 걸을 수 있는 특징이 있다. 비록 말처럼 움직임이 빠르지는 않지만 넓은 사막을 이동하는 데 사람에게 큰 도움이 된다.

상인과 낙타가 사막을 지나며 있었던 전해 들리는 이야기가 있다. 사막을 여행하는 여행객이 발자국을 발견했다. 큰 발자국과 나란히 작은 발자국이 있고 한참 뒤 큰 발자국만 보였다. 그리고 덩그렇게 넓은 자국만 보이다가 이어서 작은 발자국이 있었다. 알고 보니 처음엔 낙타와 상인이 나란히 걷다가 날씨가 너무 더워 상인이 낙타의 등에 타고 사막을 지나갔다. 낙타도 지친 나머지 덜썩 사막에 주저앉게 되었다. 결국엔 상인이 답답하여 낙타를 업고 갔다는 내용이다. 혹독한 더위에서 낙타는 동물이지만 이야기를 통해 상인에게 못 참음을 몸으로 표현을 확실히 했다. '상인이 싫은 건 낙타도 싫다'라는 태도일 것이다.

우리 주변에 있는 사람들 중에 거절을 못하고 종종 무조건 "YES"로 대답하는 예스맨형의 모습을 볼 수 있다. 무조건 순종형일까? 혹은 거절하는 것에 두려움일까?

'싫다.'의 뜻을 검색해보면 유의어에는 역겹다, 지긋지긋하다, 밉다 등이 있다. 개인적인 의미를 담은 표현이다. 개인의 의사 결정 및 의견을 수렴하는 데는 중요한 사유를 담고 있다. '싫다.'는 말을 어떻게 말 할 수 있는지 세유형의 조절을 살펴보고 개인적인 태도를 확실하게 해본다. 순종형 조절은 내가 주체적이지 않고 상대방의 '싫다'에 중심이 된다. 네가 좋은 것과 싫은 것은 알지만 내가 좋아하는 것과 내가 싫은 것에 대해서는 머뭇거린다. 간혹 '난 싫다고 말 못해'도 작게 말한다. 싫어형 조절은 '싫다'의 기준은 무조건 나다. 그리고 "내가 싫다! 라고 하면 하지마."를 단호하게 말한다. 너의 '싫다'와 나의 '싫다'를 명확히 구분한다. 모르쇠형 조절은 관여하고 싶지 않음을 그냥 모르는 척한다. 원래 모르는 것처럼 함부로 '싫다'를 말하지 않는다. '싫다'를 말하는 줄 알지만 동요하지 않는다. 쓸데없이 감정을 소비하지 않는다.

　내가 생각하는 '싫다'를 말하고 두근거리는 가슴을 잡고 있을 때가 있었다. 한편으로는 상대방에게 얼마나 요구 또는 강요했는지를 생각해 본다. '네가 싫은 건 나도 싫어.'라고 말하는 상대방에게 개인적인 감정의 선택을 존중하는 나의 현명한 태도도 필요하다. 사막에서 상인과 낙타가 뜨거운 태양을 바라보고 걷고 걷고 걷다가 순간 주저앉아 버렸던 낙타의 태도처럼 확실히 해야 한다. '싫다'를 말하면 관계가 멀어질 수도 있다. 개인적인 거리는 멀어질 수 있어도 우리의 성숙된 사회적인 관계는 선명해진다. 내가 태도를 분명히 한다면 상대방의 태도도 분명해지기 때문이다. '싫다'의 기대치는 나의 개인적인 감정에 의사를 말하는 것이다. 그 이상도 그 이하도 없는 개인적인 삶에 내가 나에게 상처받지 않기를 위한 작은 감정 실천이 된다. 누구도 나의 개인적인 '싫다'에 비난을 하지는 않는다. 단지 잠시 불편한 사회적인 상황도 길게 가지 않는다. 눈 딱 감고 '싫다'를 말하면 안 된다. 분명한 의지가 있는 '싫다'의 태도로 말해야 한다.

'네가 싫은 건 나도 싫어.'라고 최악의 상황은 안하는 것이다. 안 보는 것이다. 나의 감정을 존중하지 않으면 누가 나를 존중해줄까?

'싫다'고 말했다. 내가 왜 싫은지 그리고 '싫다'고 말해야 하는지 마음의 태도가 확실하기 때문이다.

'잘했다. 잘했다. 참 잘했다.'라고 시시때때로 나를 위해 말해준다. 정해진 시간이나 원칙은 없다. 무조건 생각이 나는 순간 말한다. 때론 주문을 외우듯이 나에게 말해보자. 말 한마디에 천냥 빚도 갚는 것처럼 상처 받는 순간 나를 위한 존중의 힘으로 치유가 된다. 그때그때 너를 존중하는 마음이 참 좋다.

> 존중의 씨앗에 감정을 전하다.
> "싫다."와 "잘했다."의 사이에는 존중이 존재한다.

듣고 싶은 말만 들을 수 없어

 신호 대기를 하고 있는데 도로변에서 멀리보이는 플래카드 문구가 눈에 들어왔다.
 '도대체 뭐라고 써야 운동하러 오실 건가요?'라는 내용의 운동을 해야 한다는 트레이너의 마음에 소리가 들리는 듯했다. '운동하면 되지 뭐가 어렵다고 못해'라고 트레이너는 말한다. 하지만 몸도 마음도 무겁고 귀찮음이 가득하다. 오늘은 꼼짝하기도 싫다. '못해! 못해.' 하고 쇼파와 혼연일체가 되어 눕는다. 그래도 '운동을 하게 되면 좋은 점이 많아.' 하고 첫 출석을 시작한다. 하지만 다음 날에 비라도 오면 비가 오니 못 하고 감기 기운 때문에 못 하는 작심하루가 된다. 작심하루를 매일하게 되면 작심삼일이 되고 작심칠일이 된다. 반복되는 귀차니즘이 올 때면 다시 작심하루를 시작한다. 어찌 보면 작심삼일보다 작심하루의 시작이 중요하다. 나의 의지에 소리를 듣고도 못들은 척한다고 해서 누구도 뭐라 나무라지는 않는다. 시작의 귀차니즘도 과정의 귀차니즘도 내가 선택을 하는 것이다.

조선 태종 때에는 백성이 억울한 일이 있으면 신문고를 두드려 그 사정을 호소할 수 있었다. 그러나 백성들에게는 그림의 떡이었다. 억울한 일을 당한 백성들은 신문고를 치기 위해 힘들어도 한양으로 갔다. 힘겹게 한양에 도착해 신문고를 치려고 하면 어려운 절차를 밟아야만 북을 칠 수 있었다. 그런데 절차를 무시하고 북을 칠 수 있는 유일한 방법은 역모 사실을 알릴 때였다. 신문고는 백성을 위해 '억울하면 북을 울려라.'는 아무 말 대잔치였다. 백성을 위한 경청의 신문고가 아닌 왕이 듣고 싶은 소리만 들었던 사실을 알 수 있었다. '권력의 힘'으로 눈과 귀 그리고 마음으로 듣는 경청은 어렵다. 상대방의 입장에서 듣고 말하고자 하는 내용과 정서를 이해해서 피드백을 해주는 것이 경청이라고 알고 있다. '잘 듣는다고 들리나요?'라고 다시 되물어 본다. 상대방이 전하고자 하는 말의 의중이나 의미가 신문고의 역할에 오류처럼 전혀 다른 의미로 해석될 수도 있다.

친구와 커피를 마시러 가고 밥을 먹으러 가서 메뉴를 고를 때 단지 "그거."라고만 말해도 알 수 있다. 오랜 친구 동료 사이에서 잘 통하는 사람들이 아는 그거다. "개떡같이 말해도 찰떡같이 알아듣는다."라는 속담이 적용되는 관계일지도 모른다. 그거 하면 알 수 있는 관계가 나는 누가 있을까? 침착하자. 그거 하면 상대방이 원하는 것을 아는 사람이 있는 건 좋을 수도 안 좋을 수도 있기 때문이다.

말하는 소리, 마음의 소리, 몸의 소리, 들리는 소리에 관심을 가지고 들어야 한다. 눈과 귀 코 그리고 공기로도 살펴볼 수 있도록 노력해야 한다. 듣는 초능력자를 말하는 것은 아니다.

민감한 듣기를 한다면 내가 혹은 상대방이 듣는 것에 대한 감성적인 느낌도 알아차리는 센스가 작동될 수 있기 때문이다.

진심으로 전하는 소리 즉 나를 위한 말 한마디는 들어야 한다. 나의 마음 상태가 중요하다. 올바른 경청은 나를 위한 관점과 타인의 관점에서 들었을 때 경청의 효과도 생긴다. 단, 부정적인 의미로 경청하게 된다면 주관적인 경청이 상상이 아닌 사실이라는 것을 알게 된다.

존중의 씨앗에도 관점이 있다.
듣고 싶지 않은 말 중에 숨어 있는 존중의 말을 알아차려야 한다.

행동하지 않고 눈으로만 본다면?

　요즘 전화를 하기보다는 간편하게 문자, 카카오톡, SNS 등으로 소통을 하는 경향이 많아지고 있다. 생활의 편리성이 있지만 서로의 목소리를 확인하면서 기분을 알아차려주는 관심도 필요하다.
　귀찮아서 보내는 글이 전해지기보다 말로 감정을 표현하지 않으면, 보지 못해도 그나마 목소리로 전하는 걱정스런 감정이 느껴진다. 눈으로만 읽어도 상대방을 이해하는 데 어려움이 없다.
　안부를 묻는 오늘이 중요하다.
　"미영아, 밥 먹었니?"

때때로, 글이 아닌 다정한 목소리가 나는 듣고 싶다. 안부를 물어봐주는 오늘이 중요하다. 상대방이 주는 상처를 인정한다. 감정을 표현하는 것도 마음을 움직이는 행동이다.

교통사고 후 운전을 못하는 K 선배가 있다. 대중교통을 이용하거나 걸어서 이동을 한다. 친구들과 이동할 때는 함께 자동차를 탄다. 운전자가 불안해 할 정도로 K 선배가 호들갑스럽게 소리를 내서 당황한 일이 있었다. 사건은 사거리를 진입할 때 주황색 신호등이 깜빡거리는 순간 지나가는 것을 도로교통법을 위반이라고 화를 내며 운전자에게 추궁을 했다. 확인을 하기 위해 112에 전화를 해서 알아보니 주황색 신호등일 경우 빠르게 이동을 해야 한다고 했다. 만약 사고가 났을 때는 운전자가 100% 책임이라고 했다. 운전자의 선택이므로 인지하고 운전을 해야 한다고 했다.

교통사고 후유증이라고 단정 짓기는 어렵지만 운전을 하지 않고 눈으로만 운전을 하면서 운전자를 불안하게 하는 것은 서로를 위험하게 한다. 운전하는 것을 다시 시도 해보라고 권하고 싶었다. 하지만 운전에 대한 상처가 있는 선배에게 '감 놔라 배 놔라' 하며 또 다시 상처를 주고 싶지 않았다.

서로의 존중을 위해서 공통된 관심사를 찾는다. 공통된 관심으로 존중 위해서는 어떻게 할 것인가? 나의 행동을 떠올려 본다. 상대방에게 관심을 표현하고 싶다면 간결한 질문을 해 본다. '요즘 관심 있어 하는 일이 있나요?' '잘하고 싶은 것이 있나요?' 상대방 또한 당신이 갖는 관심에 의문을 가질 것이다. 당신의 행동과 말투 그리고 표정을 바라보며 마주하는 관찰을 느껴보게 된다.

존중하기 위해서 무엇보다 공통된 관심사를 알고 싶다면 민첩성이 필요하다. 비언어적인 민첩한 관심으로 고민이 되는 관계를 풀어 본다. 관심을 눈으로만 바라보지 말고 가깝게 다가가 표현하는 관심을 존중하며 행동한다.

존중의 씨앗에 말을 걸다.
어떻게 하면 "존중"할 수 있는가?
나에 대한 현실적인 상황을 직시한다.

나는 누구인지?

　나는 꿈을 꾸는 사람이다. 나의 꿈을 비전으로 목표로 세우고 행동한다. 당당한 행동과 말을 통해 이루고자 하는 것에 대해 명확하고 선명하게 그림을 그린다. 행동을 하기 위한 열정이 있어 또 하나의 점을 찍어 선을 이어 간다. 내가 가고자 하는 방향과 걸어야 할 길을 안다. 행복한 사람이고 싶다. 미소를 머금고 나를 향해 두 팔을 벌리면 내 안에 나의 꿈들이 밀려온다. 내가 항상 있는 곳은 사람과 사람들 사이 안에 내가 있다. 새로운 사람에 대한 설렘, 기대, 두려움도 있다. 새로운 환경에서 있을 때 사람들 사이로 나도 모르게 용기를 내어 걸어간다. 열정이라는 것은 나에게는 본능적인 감각이면서 감성이다. 이제부터 시작하는 것은 달리기를 알리는 총성이 아니라 내 안에서 일어나는 반사적인 모습이다. 모르는 것과 알 수 없는 것이 아니라 내가 생각하는 그 대로의 모습으로 자신감과 함께 나를 투영한다. 자신감은 나에게 미션을 주는 것 같다. 주어지는 것에 대해 과정을 살펴보고 어떤 흐름으로 가야 할 것인지 내가 결정한다. 목표보다도 더 중요한 것은 내 안의 지구력이다. 얼마만큼 끝까지 이루고자 하는 과정의 나열하는 것들에 대해 놓치지 않고 가야 하는 완벽함은 아니다. 하지만 과정을 소홀히 하지 않아야하는 것은 스스로에 대한 책임감을 갖게 하는 마음의 지구력을 키우는데 도움이 된다. 반복하는 습관이 주는 자신감이 내가 이루고자 하는 목표에 도달하게 한다는 것을 믿는다. 학습하는 꿈이 아닌 내가 잘하는 것에 대해 좀 더 준비하는 연습이다.

'지금대로만 하면 돼. 제대로 가고 있어.' 다짐하고 '지금 잘하고 있을까? 정말 잘 가고 있을까?' 다시 질문을 한다.

고민하는 만큼 성장한다. 내가 어떻게 보이는 게 중요한 것이 아니라 내가 누구인지 알아가는 성숙한 사람이 되어야 한다.

다케우치 히토시는 '꿈이 실현되지 않는 것은 그 바람이 비현실적이기 때문이 아니다. 그 바람이 실현하고자 하는 의지와 노력이 부족하기 때문이다.'라고 말한다. 내가 가지고 있는 꿈이 현실과 비현실을 방황하지 않기를 안내하고 싶다. 내가 해보고 싶은 것, 가고 싶은 곳, 가지고 싶은 작은 것 하나하나가 꿈을 이루고자하는 비전에 가까이 갈 수 있는 원동력이기 때문이다. 내가 무엇을 생각하고 말하는 것들을 적어 본다면 보다 구체적으로 그려 볼 수 있다. 무엇보다도 누군가의 조언이 아닌 내가 이루려고 하는 의지가 행동으로 이동하는 동선이 중요하다. 눈에 보이지 않은 생각은 내가 원하는 것에 대해 명확하게 확인하기가 어렵다. 하지만 시각적인 자극이 되어 동기부여가 된다면 나를 적극적으로 표현하는 데 도움이 된다. 꿈꾸고 생각하고 내가 원하는 삶이 다가오는 순간을 마주할 때 나는 안다. 행복한 삶은 내가 나를 알아차리고 즐기는 모습 그대로다. '저는 누구인가요?'가 아닌 '나는 누구인가요?'의 질문을 하는 우리가 되길 바란다. 내가 가지고 있는 장점도 단점도 모두 내 것이다. 내 삶을 타인의 말이 아닌 나의 언어 곧 나의 말이 되어 가는 과정을 즐겨 본다. 내가 되어 가는 과정에서 서론 본론 결론의 논리적인 정답이 오답이여서 내가 뒤흔들려도 나를 위한 미덕을 준비해 주어야 한다.

"딸기 시러! 토마토 시러!"

빨간색의 음식을 맵다고 생각하는 4세 된 조카가 투정을 부린다. 맵지 않다고 설명을 해보고 조금만 먹어보자고 설득을 해보지만 조카의 마음은 요지부동이다. 조카가 인지하는 생각을 바꿔 볼 수 있을까? 4세의 기준이 틀리다고 잘못됐다고 말할 수는 없다. 경험한 만큼 빨간색은 무조건 맵지 않다는 것을 알 것이다. 아이의 눈높이를 제안할 수 없는 것처럼 어른이 되었다는 이유로 내가 아는 만큼 상대방을 판단하며 보지 않아야 한다. 나 자신에게도 시간의 기회를 주고 경험의 횟수를 추가해 본다. 어른의 빨간색은 단지 맛을 표현하는 단어는 아니다. '나는 누구인가?'를 질문하고 정체성을 확인하면서 '나는 어떤 사람인가?'를 인식한다.

나는 나를 바로 보려고 노력하는 사람이다. 왜? 나를 인식하는 자세로 바라볼 때 무엇을 해야 하는지 어떻게 해야 하는지 스스로 찾아보려고 하기 때문이다.

존중의 씨앗에 관심을 갖는다.
나를 알아가는 "인정"이다. 나를 인식하며 알아간다.

마음 빌려주기

간호사로 일하는 후배는 자취를 하면서 강아지를 키우고 싶어 했다. 어느 날 초코는 후배의 가족이 되었다. 초코는 슈나우저의 종으로 밝고 산만한 성격이다. 워낙 사람을 좋아해서 주변에 친구들이 집에 오면 낯설어 하지 않고 반가워 토끼처럼 깡충깡충 뛰어 안기며 좋아한다.

"초코!" 이름을 부르며 등을 쓰다듬어주거나 개껌을 주면 그나마 차분해진다. 후배의 퇴근 시간이 일정하지 않다 보니 초코가 혼자 있는 시간이 많아지는 날이 많다고 한다. 오랜만에 본 초코는 후배를 기다리며 혼자 있는 시간이 많아져서인지 표정이 어두워 보였다. 후배는 힘들어 보이는 초코를 위해 이모 집에 보내야겠다고 상의를 했다.

"퇴근하면 초코가 나를 반겨줘 좋지만 하루 종일 나를 기다린다고 생각하니까 초코한테 미안해."라며 고민을 했다. 초코한테 불안한 마음이 아닌 안정감을 느끼게 해주고 싶다고도 말했다. 후배가 초코를 위해 어떻게 하면 좋을지 도와주고 싶었다. 초코가 주인이 바뀌면 힘들겠지만 그래도 계속 잘 보살펴줄 수 있는 넉넉한 주인과 함께 살았으면 좋겠다고 말했다. 초코는 후배의 이모 집에 가게 되었고 가끔 보러 간다고 했다. 다행히 대소변도 잘 가리고 송파동에 있는 석촌호수공원으로 산책을 가면 토끼처럼 뛰어다닌다고 한다. 후배의 입장을 생각했다면 초코가 불켜진 자취방에 혼자 덩그러니라도 자신을 기다려주길 바랐을지도 모른다. 초코는 넉넉한 마음으로 후배가 퇴근하기를 기다렸을 것이다. 초코는 누구보다도 후배에게 넉넉한 마음을 나눠주며 살았을 것이다.

넉넉한 마음을 빌려주기 위해서는 무엇을 가지고 있으면 좋을지 생각해 본다. 목록을 ㄱ에서 ㅎ까지 나열하지 않아도 된다. 내가 가지고 있는 순수한 존중이 좋다. 온전한 하나가 아니어도 좋을 것이다. 존중하는 마음이 음식처럼 먹는 배부름으로 느껴졌다면 내 안에 얼마만큼의 넉넉한 마음이 있는지 알 수 있었을 것이다. 그리고 더욱 눈에 보이지 않는 마음을 사물로 수치화 할 수 없는 이유다. 냉장고 칸칸이 쌓여있는 식재료들과 음식들이 마음과도 같겠다. 때로는 잘 정돈된 냉장고처럼 찾을 수 있고 무슨 음식이 있는지도 모르고 더욱 유통기한조차 모른 채 두고두고 썩어가는 상태의 음식들도 있다. 냉장고 있는 식재료처럼 마음 상태에 따라 필요할 때 재료로 사용할 수 있을까? 초코가 준 맹목적인 존중이 존중에 대한 역지사지易地思之를 느꼈다. 하지만 상처만 가득한 마음 상태에서는 무엇을 주기도 어렵고 힘들다.

 내가 존중받고 싶은 마음이 얼마만큼 배가 고픈지 알아야 한다. 마음 또한 배고픔처럼 허기지고 응급하게 공허한 마음이면 폭풍 과식으로 먹게 될 것이다. 덜컥 먹는 음식으로 체하면 약으로도 치료가 더디다. 내가 필요한 만큼 나를 잘 볼 수 있는 마음의 존중도 준비되어야 한다. 〈수궁가〉에서 토끼는 용왕님의 병에 약으로 쓸 자신의 간을 꺼내어 쓸 수 있다고 거짓말을 하는 내용이 있다. 토끼가 살기위해 가짜마음을 숨기고 진실인 듯 속이는 것을 용왕님은 알 수 없었다. 〈수궁가〉를 들으면 줄 수 없는 간을 꺼내어 준다고 하는 억지스러운 내용의 일부분 있다. 나도 상대방에게 토끼의 간을 내놓으라는 것처럼 넉넉한 마음을 강요하지는 않았는지 생각해 본다. 마음을 진짜와 가짜의 감별하려는 것은 아니다. 마음은 빌리는 게 아니라 성성으로 두 팔 벌려 토닥여주는 손숭이다. 그래도 마음을 빌리고 싶다면 언제든지 필요할 수 있도록 넉넉하게 준비해두려고.

넉넉한 마음 빌려주는 것은 가짜마음이라고 해도 좋아. 나는 네 편이야. 그리고 나는 지금도 너를 위해 넉넉한 마음을 준비하고 있어.

너를 위한 존중을 하며 칼국수 반죽처럼 존중하는 마음을 넓히고 넓혀.

존중의 씨앗을 바라본다.
존중하는 마음으로 다가간다.

실수를 외면하지마

"술 비었네."
친구에게 술을 따른다.
"옆에서 뭐해?"
친구에게 술 따른다.
친구들과 술을 마시는 광경은 술집에서 흔하게 본다. 하지만 회사에서 회식을 하거나 식사를 할 때에 남남북녀로 자리를 앉고 개인 주도적인 분위기로 먹는다.
후배가 기분 안 좋은 목소리로 전화를 했다.

"미투는 나하고 별천지야."
"왜? 무슨 일이야?"
"저녁식사를 하는데 상사가 술이 비었다고 술을 따르라고 하잖아."
"요즘 그런 사람이 있어?"

친구는 당당하게 "못해요."라고 말 못하는 자신을 '바보'라고 했다. 사회적인 문화가 자발적이지 못하다면 '의도적인 문화'로 추궁할 필요의식을 느낀다. 상하관계로 윽박지르지 않는다. 우리는 주도적으로 실수를 외면하지 않는다. 직업에 귀천이 없듯이 상사와 부하관계로 어떻게 하면 서로가 실수하지 않는 관계가 될까? 먼저 상하관계로 윽박지르지 않는다. 스스로가 의식적으로 '괜찮다.'를 행동하는지 알아야 한다. 너가 아니라 내가 아니라 우리는 주도적인 존중을 해야 한다.

쉽게 상처받지 않는다. 나는.

존중의 씨앗들이 모두 다르다.
실수하며 존중을 배운다.

오랑케: 오래 나랑 케미 있는 관계

"한지를 공부하면서 일과 한지를 어떤 콘텐츠로 구상하고 싶나요?"

"사람들 관계에서 받은 상처를 오랜 전통의 종이인 한지로 치유할 수 있는 답을 찾으려고 합니다."

한지는 결대로 어울리는 자연스러운 멋이 있다. 사람 사이에도 결의 흐름이 보이지는 않지만 서로 어울리는 관계가 있다. 한지와 사람은 닮았다. 한지 위에 먹물을 떨어뜨리면 퍼지고 싶을 때까지 물들인다. 마음에 상처를 받으면 맘속에 점점 더 큰 자국으로 남는다. 한지가 마음에 위로가 될 수 있을까?

 햇살이 좋은 날에 전주 한옥마을을 지나갈 때면 기와지붕 아래 마루 그리고 문고리가 있는 한옥 문짝이 눈에 들어온다. 마음 한편에 담아두었던 추억이 떠올랐다. 할머니는 한옥집 마당에서 겨울 내내 찬바람을 막아줬던 한옥 문짝에 붙은 한지를 떼어내고 봄맞이 준비를 위해 창호지를 바르셨다. 새 봄맞이를 위해 초등학생일 때는 할머니를 도와 드릴 수 있었다.

 "할머니! 왜 종이를 찢어요?"
 "우리 손녀 새 도화지를 만들어 주려고."

 할머니 몰래 내가 크레파스로 그렸던 것을 알고 계셨다. 빛바랜 크레파스 흔적과 누런 한옥 문짝이 하얀 창호지로 새 옷을 입은 듯 깨끗해졌다. 할머니는 정말 커다란 도화지를 만들어 주셨다. 마루를 뛰어다니며 놀던 동생은 호기심에 한옥 문짝에 손가락으로 구멍을 내면서 나와 눈이 마주쳤다. 생각보다 쉽게 구멍이 났기 때문이었다. 할머니는 화를 내지 않으셨고 구멍 위에 다시 한지를 붙이셨다.

 "구멍이 감쪽같이 사라졌지."
 "네. 할머니."

할머니는 손주를 위해 기분 좋게 대화를 어떻게 해야 하는지 알고 계셨다. 한옥 문짝에 들랑거리는 바람과 햇살 사이에는 할머니의 사랑이 숨결처럼 흐르고 있었다.

내가 할머니가 되면 어떻게 손녀들과 대화를 할지 생각해 보았다. 할머니처럼 나도 항상 손녀의 입장에서 '좋은 결정'을 말해주고 싶다.

사소한 일에도 너랑 즐겁게, 너랑 기쁘게, 너랑 행복하게, 너랑 사랑하게, 너랑 감동이게 기분으로 대화하기를 해야겠다. 곧 '너랑게 기분으로 대화하기'를 하면 손녀들에게 오래 나랑 케미 있는 관계가 될 것이다.

할머니의 사랑은 손길이었다. 한지와 할머니는 닮았다. 세월이 흘러도 찬바람이 불면 바람을 막아주고 한지의 고유한 삶처럼 할머니의 마음은 하얀 한지에 정성껏 물들일 수 있도록 손주에 대한 지지하는 힘이다.

변하지 않는 마음의 정성이 오랫동안 서로를 위하는 관계가 존중이다. 누가 먼저 다가가고 도움이 되는 것을 따지기 보다는 할머니의 마음처럼 무조건적인 존중이 필요하다. 막연한 할머니의 마음이 우리의 관계에 어떤 영향을 줄 수 있을지 믿기 어려운 부분도 있다. 내가 먼저 존중할 수 있다면 존중한다. 아이에서 어른까지 케미 있는 관계는 크기나 물건의 부피로 표현할 수 없다. 다만 내가 존중으로 물들일 수 있고 존중으로 물들 수 있으면 된다. 존중 또한 정성이면 된다.

존중의 씨앗에도 관계가 있다.
가까운 관계도 존중이 필요하다.

나쁘다고 착하지 않은 것은 아니다

한 토끼가 서천 소나무 숲 가까이 농부 아저씨와 살고 있다. 삼례시장에서 가축을 파는 아저씨가 수컷이라고 알려주셔서 토끼의 이름을 토돌이고 지었다. "토돌아!" 하고 부르면 바라볼 뿐 나에게 가까이 오지는 않는다. 토돌이는 강아지의 행동 특징이 있어 보인다. 토끼는 토끼랑 강아지는 강아지랑 지내야 한다고 생각했다. 그런데 토돌이는 긴 앞다리로 단짝 멍멍이를 쫓아다니며 신나게 논다. 누워있는 강아지의 등에 올라타기도 하고 귀엽게 비비기도 한다. 토돌이와 멍멍이의 노는 모습을 보면 토돌이가 토끼인 걸 잊은 것 같다. 하지만 음식을 먹을 때는 역시 풀을 먹는 걸 보면 토끼였다. 봄이 가까이 올수록 텃밭에 콩, 감자, 해바라기 씨를 심어야 하는데 어떻게 토톨이를 키워야 할지 고민이었다. 작년 가을에 키운 배추와 상추 심지어 대파까지 다 먹어 버렸다. 강아지와 사이가 좋은데 토끼장을 만들어 격리해서 키우기도 곤란했다. 결국 토돌이를 멍멍이처럼 목줄을 해서 키워보기로 했다.

토돌이가 개 줄에 묶여 과연 살 수 있을까? 학대일까? 토끼장을 만들어 멍멍이와 따로 키울까? 멍멍이와 토돌이를 소나무 숲에서 살게 해줄까? 농부 아저씨는 토돌이를 어떻게 키울지 여전히 고민한다.

토끼는 토끼장 혹은 야생에서 살아야 한다. 하지만 농부아저씨는 봄이 되면 토끼를 강아지처럼 키워보려고 하신다.

"농부아저씨! 토끼를 강아지 줄에 묶어 키우기보다 토끼장에 키우는 게 좋지 않을까요?"

"강아지와 떨어져 지내야 하는 토돌이는 쓸쓸하고 강아지는 토끼장 앞에서 토돌이가 나오기만을 기다릴 거야."

"봄이 오는 날에는 토돌이가 새싹의 유혹을 견디기 어렵겠죠."

"봄이 오면 새싹 사이로 토돌이는 뒹굴고 있을 거야."

끼리끼리 어울려야 하는 관계가 좋고 조합이 어려운 관계는 나쁘다고 생각하고 있나요? 관계가 좋고 싫은 이유에 대해 말하기 어렵다면 굳이 말하지 않아도 된다. 관계가 끼리끼리 어울려야 착한 관계라고 우기기도 한다. 그렇다면 취향이 끼리끼리, 성격이 끼리끼리라고 나와 같은 끼리끼리만 찾고 있는 건 아닐까? 끼리끼리가 아닌 상대방이 "너 진짜 나쁘다."라는 말을 하면 화내지 않는다. 내가 인정하는 싫은 기준이 아닌 상대방의 기준이라면 무조건 일방적인 감정에 대해 곰곰이 짚어 본다. 점검을 해보고 찬찬히 화내야 하는 이유를 확인해야 한다.

나쁘다고 말해주는 친구가 착하지 않은 것은 아니다. 솔직하게 말해주는 친구의 직언도 바르게 살게 도와주는 방법이다. 꼭 끼리끼리 지내야 한다면 내가 가진 편견이 주는 불편함을 알아야 한다. 열린 마음의 폭넓은 끼리끼리가 필요하고 내가 알고 있는 단점은 물론 상대방이 보는 단점도 수용해야 한다. 끼리끼리 안에 끼어들고 싶을까?

나쁘다고 생각하는 기준은 보이는 것과 보이지 않는 것에 대한 범위가 넓다. 끼리끼리 어울리는 관계에서 존중이 있기 때문에 자연스러운 관계가 된다. 부정적인 선입관을 소환하기보다는 존중하며 서로를 이해하는 마음으로 다가간다.

> 존중의 씨앗에도 성격이 있다.
> 착한 척하며 존중하지 않는다.

자신을 위해 일 다이어트를 했어요

"엄마 엄마 엄마 엄마 엄마."

침대에 엎드려 있다. 고개를 움직일 수 없었다. 움직이려고 하는 순간 통증은 한 번도 아파 본 적 없는 아픔이었다. 흐느껴 울고 울었다. 목, 팔, 몸통, 허리조차 움직이지 못했다. 울다가 문득 스치는 생각은 '나 못 걸어 다니게 되는 거야?' 서러웠다. 움직일 수 있는지 몸을 꼼지락거렸다, 하지만 움직일 때마다 통증은 진짜 한 번도 아파 본적 없는 아픔이다. 나는 겨우 다리와 손만 움직일 수 있었다. "엄마." 나는 엄마를 울음 섞인 작은 목소리로 그렇게 간절하게 불렀다. 울먹이는 소리만 들리던 방에 방문 손잡이가 움직이는 소리가 들렸다. 출근 시간은 다가오는데 늦잠 자는 딸을 깨우러 방문을 열어보고 엄마는 깜짝 놀랐다. 속옷만 입고 잔 딸을 겨우 주섬주섬 옷을 입혀 병원에 데려갔다.

  외부 감사 기간으로 퇴근하지 않고 회사에 필요한 업무 보고서를 한 달 정도 근무시간 이외에 진행하고 있었다. 오랜 시간 컴퓨터 작업과 잠을 자지 못한 스트레스가 원인이다. 무엇보다 진료 후에 의사 선생님은 "신체에 필요한 근육 양이 부족해서 뼈를 지탱해주는 힘이 약해요."라고 했다. 매번 저녁식사를 간단하게 먹고 건강을 챙기는 식사를 하지 못했다. 몸이 필요한 영양소는 생각하지 않고 시간절약을 할 수 있는 인스턴트식품으로 때우면서 일을 했던 것이다. 일을 할 때는 솔선수범으로 적극적으로 하면서 내 몸을 챙기는 건 뒷전이었다. 타인의 기대를 만족시키려는 욕구만큼 나의 건강을 챙기지 못한 나에게 화가 났다. 몸을 망가뜨리면서까지 타인을 만족시키려고 하는 욕구에 다이어트가 필요했다. 몸을 건강하게 만들기 위한 다이어트만큼이나 일에 대한 넘치는 욕구에 다이어트를 해야 한다.

  《미움 받을 용기》의 저자 기시미 이치로 · 고가 후미타케는 '타인의 기대를 만족시키기 위해 사는 것이 아니다.'라고 한다면, 타인

역시 '자네의 기대를 만족시키기 위해 사는 것이 아니다.'라고 말했다. 타인이 요구하는 일에 대해서 열심히 일하는 것은 '나의 성실'이라고 생각 했다. 잘 보여야 하는 이유에 대한 나의 선택은 무조건 많았다. 내가 아닌 타인의 기준을 위해 열심히 움직이는 나의 삶을 바라보지 못했다. 잘 보이려고 하는 인간관계도 내가 주도적으로 잘하고 있다고 생각하며 열심히 일했다. 그리고 걷지 못하는 공포의 두려움을 느낀 순간 내가 선택한 열심히 사는 삶에 나를 존중하기로 했다. 스스로 잘 보이려는 인간관계를 하며 건강을 잃을 뻔했지만 이제 나를 위한 일 다이어트를 시작 했다. 그래야만 내가 만족하는 주인공의 삶으로 건강하게 살 수 있기 때문이다.

죽기 전에 나를 위해 일 다이어트를 해야 한다. 효과적인 다이어트를 하기 위해서는 규칙적인 존중으로 하루일과 타임테이블을 점검하고 체크한다. 일하는 to do list를 작성하는 것만큼 내가 나를 위해 선택해야 하는 존중도 to do list해야 한다.

> 존중의 씨앗이 나를 닮다.
> 나를 위한 존중이 곧 타인을 위한 존중과 같다.

꽃점 다이어트

　동화구연대회를 준비하는 초등학생들과 천변에 갔다. 큰 소리로 동화구연을 하고 자신감 있는 동작을 연습하기 위해서다. 아이들은 사람들이 지나가는 천변에서 하려니 부끄러워 무척 하기 싫어 했다. 우선 돌 위에 앉게 한 후 크게 호흡을 하게 하고 작은 소리로 개구리 소리를 내도록 했다. 그리고 점점 큰 황소개구리 소리를 내어 보았다. 다양한 동물 소리를 내도록 하며 놀이하듯 발성연습을 했다. 만약 아이들에게 이론적인 교수법을 강요했다면 발성연습뿐만 아니라 자신감도 잃었을 것이다. 동화구연대회를 준비하면서 아이들에게 필요했던 부분에 집중을 하면서 최대의 효과를 보았다.

인간관계를 하면서 골고루 영양소의 균형이 몸을 건강하게 만드는 것처럼 우리는 관계의 편식을 하고 있지는 않을까? 좋아하는 음식만 먹게 되면 영양 결핍이 오듯이 관계의 결핍이 생긴다. 싫다고 무조건 해보지 않고 내가 좋아하는 것만 한다면 관계가 좋아지지 않는다. 또한 상대방이 관심 있어 하는 것에 대해 맞추기만 한다면 일방적이고 절제적인 관계가 될 것이다.

효과적인 인간관계는 우리 몸에 건강하게 필요한 영양소를 과하거나 혹은 부족할 때 잘 조절해야 하는 것과 같다. 인간관계 커뮤니케이션에서도 내가 필요한 것을 종합 비타민을 먹는 것처럼 챙겨야 한다. 그리고 인간관계에서도 음식을 조절하듯 절제가 필요하다.

임신 8개월 때 유달리 발이 퉁퉁 부어 운동화를 구겨 신고 다녔다. 그 모습을 본 시아버지는 신발을 바르게 신으라고 하면서 다그치셨다. 부은 발로 운동화를 신기 어렵다고 말했지만 시아버지

듣지 않으시고 말대꾸하지 말라고 화를 내셨다. 시아버지께서 임신한 나를 존중해주길 바랐다. 그때 나는 임산부로 상처를 받았다. 그런데 상처의 기억은 없다. 사실 상처로 기억이 떠오르지만 기억하고 싶지 않다는 걸 느꼈다. 임산부를 보면 시아버지가 떠오르고 그렁그렁한 눈물을 참으며 운동화를 신었던 내가 떠올랐다. 상처가 생각날 때는 상처를 받았을 때 비슷한 상황 혹은 장소의 영향을 경험했다.

다이어트를 해야겠다고 생각했을 때 이미 몸은 살빼기를 거부하려고 한다. 상처도 다이어트도 반복되는 것에 대해 이겨내는 힘이 길러지기보다 신체적 정신적으로 민감하게 거부하는 반응을 한다.

시아버지는 지금 초기 치매로 기억이 가물가물하다. 상처 주는 사람은 기억하지 못하기도 한다. 때론 나만 기억하는 상처다. 상처를 주는 사람은 상처를 주는지 모르면서 상처를 주기 때문에 나만 아는 상처가 되기도 한다. 상처는 주관적인 마음이다. 존중하는 마음으로 상처를 주지는 않는다. 상처에 대한 마음의 그릇을 넓혀 포용력으로 생각해 본다. 주관적인 틀에 생각을 단정 짓기보다는 상대방에게 인정받고 싶은 욕구를 다이어트 커뮤니케이션한다. 상처 받은 자신에게 실망하지 않고 주관적인 마음으로 판단하지 않는다.

있는 그대로 인정한다면 상대방과의 관계가 상처로부터 존중하는 마음으로 받아들여지게 된다.

존중의 씨앗이 말을 걸다.
커뮤니케이션을 위한 존중도 필요하다.

봄의
사적인
위대함

벚꽃이 봉우리처럼 봉우리에 발그레 부끄러움을 묻혔다.
꽃 피어나는 봄날에 나의 고갯짓이 흐드러진다.
흩날리는 분홍 잎에 꽃점을 기대하기도 했었다.
그렇게 흩어지는 꽃잎 사이로도 빛나게 보인다.
벚꽃으로 설레게 물들이는 봄이 거기 왔었다.

강아지 냇가에 바윗돌을 건너면
목련 꽃잎이 떨어진다.

넝쿨장미 담 아래 서서 기다린다.
내 마음을 빨갛게 물들여 주기를

PART 2.

할 말하면서 관계 잘하기

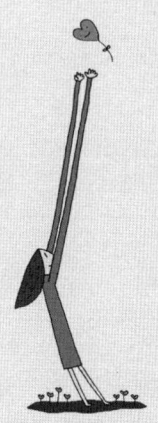

뚱뚱한 인간관계에 만족하나요?

"컨설팅을 잘하려면 하루에 30명, 30곳에 매일 전화를 해야 초보 컨설팅을 할 때는 기본이야. 하루에 몇 명까지 전화해 봤어?"
"그렇게 많은 사람들에게 전화를 할 수 있어요?"
"나 인턴 때는 무조건 전화 리스트를 작성해서 전화를 했지. 물론 성과도 났고."
'선배는 괴물이다.'라고 생각했다. 어떻게 매일 30명씩 30곳을 전화한단 말인가? 무리다. 못해! 아니 안 해!
선배와 이야기를 나누고 며칠이 지났다. 내가 하고 있는 컨설팅은 그냥 사람을 만나는 일이었다. 이야기를 하다 보면 3시간이 훌쩍 지나 상대방의 말만 들어주고 헤어진다. 본격적인 나의 일을 알리기는커녕 시도도 못한다. 선배가 말할 땐 '개나 소나 다 만나는 것인가?'라고 우습게 여겼다. 그럼 나에게 오늘은 '어디까지 만나 봤니?'라고 다시 물었다. 선배의 말처럼 나는 뚱뚱한 인간관계를 하기로 했다. 얼마만큼 내가 끌어당길 수 있는지 나 자신을 테스트하고 싶었다. 식사할 때만 폭식을 하는 게 아니라 나의 관계도 무조건 전회하고 만나보기로 했다.

'절친은 몇 명? 모임은 있지? SNS친구는 몇 명인가?' 혼잣말을 하며 핸드폰을 뒤적뒤적했다. 내가 찾은 관계의 사람들을 너무도 적었다. 그리고 폭식하듯 행동하는 선배처럼 하루에 30명씩 전화를 하기 시작했다. 핸드폰 사이로 어색한 음색을 들으며 친한 척을 하고 안부를 묻고 있었다. 매일을 그렇게 했다. 하지만 15일을 하고 멈췄다. 멈춘 순간 내가 하고 있는 일이 뚱뚱한 살을 유지하기 위해 의식 없이 그냥 먹는 모습과 같았다. 그냥 반복적인 일로 한 사람 한 사람과의 관계를 할 수 없었다. 내가 원하는 인간관계를 하고 있는지를 살펴보게 되었다. 어디까지 만나 봤니? 나는 그냥 수많은 사람들과 연락만 하는 사람이 되고 싶지는 않았다. 내가 한 사람을 위한 친구가 될 수 있을지 모르겠지만 그래도 쓰윽 훑고 지나가는 사람이고 싶지 않다.

아마도 나를 알아주는 단 한 명을 찾는 만족을 느끼는 행복함이다.

폭식하듯 하는 인간관계는 뚱뚱할 뿐만 아니라 마음을 허하게 만든다. 한 사람을 알아가는 끌어당김의 힘을 느껴 본다.

"행복한 나날이란 멋지고 놀라운 일이 아니라 진주알이 하나하나 줄로 꿰어지듯이 소박하고 자잘한 기쁨들이 조용하게 이어지는 것 같아요." - 루시드 모드 몽고메리

존중의 새싹을 기다리다.
한 사람 한 사람을 존중하는 관계가 중요하다.

달달함에 숨어있는 병

작품을 전시하는 날이면 신경이 예민해지는 선배가 있다.
"당 떨어진다. 달달한 커피 한잔 마시고 하자."
커피에 일회용 설탕을 한 봉지를 넣고 또 넣는다. 커피를 한 모금 마시더니 선배는 결국 설탕 세 봉지 더 넣었다. 달달한 설탕의 역습이었다.

다이어트에 설탕은 적이다. 과량의 설탕 섭취가 비만을 유발하는 주요 원인이 되고 있다. 비만은 신종전염병으로 다른 질병을 부르는 병이다. 또한 설탕을 많이 먹으면 깜박거리는 신호등처럼 기억력을 떨어뜨린다. 설탕을 줄이는 식습관이 필요하다. 다이어트를 위해서 설탕의 양을 줄인다. 설탕의 이름은 하나가 아니라 56개 정도에 단어로 식품에 첨가되어 있다. 저지방인 식품에 맛이 없기 때문에 설탕의 양을 늘려 맛을 내는 방법을 사용한다. 달달한 유혹의 설탕은 과거에 담배의 해로움을 몰라 여기저기 밀폐된 공간에서 습관적으로 피웠던 과거생활과 같다.

노래 연습을 하고 있는데 "잘하고 있어."라고 친구가 말해주었다. 내 귀에 들리는 나의 목소리는 작고 높이 올라가지 않아 음정은 불안했다. 친구는 내가 상처받을까 봐 솔직하게 말하지 않은 듯하다. 며칠 후 다시 노래를 부르는 기회가 있었다. 여전히 목소리가 떨리고 음정이 뒤틀렸다. 하지만 친구는 "저번보다 더 안정적이야."라고 했다. 친구는 계속 긍정적으로 말을 할까? 친구는 나를 위해서 격려해 주기 위해서라고 말했다. 하지만 왠지 마음이 편하지는 않다. 친구가 나에 편이 되어주어서 고맙기는 하지만 정말 나를 위해서 솔직하게 말을 해주기 바란다. 무조건 격려가 아닌 솔직한 피드백이 필요하다. 친구가 평소 나에게 해준 말에 대해 내가 민감하게 반응을 하지는 않았는지 생각해 보았다. 앞으로 나에게 도움이 될 수 있는 말을 하는 데 부담을 갖지 않도록 말했다. 설령 격려해주는 말을 해도 나를 기분 좋게 하기 위해서 하는 피드백이 아니길 바란다. 쓴 말을 해주면서 단호한 격려를 해주는 친구를 기대한다.

달달한 설탕을 적게 먹는 것도 중요하지만 어떻게 먹는 것 또한 매우 중요하다. 하루 종일 세끼를 먹는 음식뿐만 아니라 간식에도 중간중간 계속 먹는다면 달달한 음식을 피할 수 없다. 달달한 음식만큼이나 나를 기분 좋게 하는 친구만 유지하게 되면 편식적인 관계가 된다.

달달한 것에는 거부하기 어려운 마력이 있다. 그럼에도 불구하고 나를 믿어야 한다. 기우는 마음의 순간이 있다면 흔들리는 나를 열정적이게 할 수 없다.

달달함에는 소시오패스 가면이 씌워져 있다. '양심의 가책'이 없는 가면을 쓰고 함께 어울려 있으면 더욱 찾아내기 어렵고 어떤 위험도 있어 보이지 않기 때문이다. 내가 섬세하면서 예리하게 구별하는 힘을 키워야 한다. 무조건이 아니라 지금부터 달달함에 숨어 있는 병을 찾아야 한다.

존중의 새싹을 존중으로 대하다.
농부는 모든 새싹을 다 키우지는 않는다.

때론 인정받기 위해 발버둥 친다

　상대방의 명함을 받을 때는 하는 일과 연상을 하며 이름을 기억하려고 한다. 경영자 모임에 명단을 공유하면서 이름을 '연'을 '현'으로 기입을 했다. 그로인해 사람의 이름을 바르게 전달하지 못해 잘못한 경험이 있다. 처음 만난 사람의 이름을 잘 기억하고 노력을 했지만 오히려 이름을 부를 때 작게 말하는 습관이 생겼다. 확인을 했지만 소심해지고 자신감이 없어 스스로 주눅이 들기도 했다. 마음을 펴지 못했다. 이름 오타 효과는 꽤 오래갔다. 나의 생각을 말하는 데도 이름이 들어가는 문장은 기어들어가는 목소리와 발음도 부정확했다. 잘 기억나지 않은 이름이 있을 때면 이름을 수없이 반복하며 말해 보았다. 그럼에도 불구하고 실수는 있었다. 그래도 이름에 대한 징크스가 되지 않기 위해 깡다구 심리적 효과를 발휘해서 계속 확인하고 말하기를 해보았다. 사실 지금도 이름에 대한 노력은 진행되고 있다.

  한 가지 잘못 혹은 실수가 아니라 기억력이 좋아지고 상대방으로 하여금 작은 것이라도 인정받고 싶었다. 사소한 것조차 인정받기 위해 발버둥치고 있는 내가 보였다. 시간은 흐르고 반복적으로 이름을 부르는 상황은 어느 때고 불쑥 튀어 나왔다. 이름을 기억하지 못하는 순간에는 울컥 울고 싶기도 했다. 운다고 해결이 될 수 있을까? 고개를 젖혀 하늘을 봤다. 나의 마음처럼 회색빛이었다. 내가 나를 괴롭히고 있었다. 완벽하기 위해 노력하는 나를 보지 않고 잘못하는 나를 바라보며 '자기 갈굼'을 하고 있었다. 그냥 나를 내가 인정해버렸다. 나를 괴롭히는 나에게 '적당히 하지!' 하며 모르는 척했다.

나에 대한 나르시시즘이 필요하다. 나에 대한 귀를 열고 알아차리기를 해야 한다. 나를 객관적으로 바라보기가 어렵다면 거울 앞에 서본다. 머리를 빗고 화장을 하면서 거울 앞에 서있지만 그 이외에도 내가 모방할 수 있고 닮고 싶은 사람의 모습을 거울에 그려 본다. 내가 변하고자 하는 모습이 거울에 비쳐 보인다. 반복하며 '이상형 거울그림'을 그린다. 거울을 바라보며 내가 원하는 모습을 본다. 거울에 그림을 그리기 위해서 좀 더 구체적이고 생생하게 생각한다. 거울 바라보기를 통해서 나를 인정해주는 열쇠가 되어 주었다.

바라보기가 힘들다. 인간관계에 비난을 두려워하지 말자. 내가 기억해야 할 이름이 있다면 큰소리로 읽어보고 적어 본다. 기억하고 싶다면 힘 있게 주먹을 쥐고 다시 한 번 또박또박 말해 본다.

비난을 두려워하거나 겁이 나기도 한다. 주춤주춤 마음의 뒷걸음질을 멈춘다. 불러야 할 이름을 반갑게 부르는 긍정적인 상상을 해 본다. 누군가 비난을 하기도 전에 내가 나를 믿지 못하는 건 아닐까? 일어나지도 않은 상황에 대해 불안해하지 않는다. 정확하게 이름을 기억하는 나를 인정해 준다.

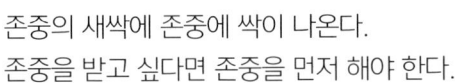

존중의 새싹에 존중에 싹이 나온다.
존중을 받고 싶다면 존중을 먼저 해야 한다.

내가 왕따를 좀 알아
(내가 선택한 인간관계에 책임을 져야 한다)

'왕따 주행 벗었지만 1년 후'의 뉴스를 보았다. 김보름 선수는 '왕따 주행 논란'은 벗었지만 1년 후 못다 한 이야기에 대한 내용이었다. 선수생활을 하며 국민과 팬 여러분의 그동안 쌓인 오해를 풀고 괴롭힘은 상대방 선수 때문에 운동에 집중할 수 없었다고 말했다. 팀으로 여러 차례운동을 하면서 서로가 호흡을 맞추기 위해 큰소리를 지르며 사인을 주고 받기도 했다는 과거의 사례를 이야기하면서 팀추월 선수로 그동안 왕따의 억울함을 표현했다. 스피

드여자팀 추월경기에서는 한 팀이 되어 결승점에 비슷한 시간에 도착해야 최종 단시간으로 기록을 할 수 있다. '왕따 주행' 논란에는 김보름 선두주자가 세 명의 선수와 호흡을 하지 않고 혼자 속도를 내어 결승점을 도착하여 마지막 선수가 가깝게 거리를 유지 못해 경기 기록을 단축시키지 못했다. 그 이후로 문화체육관공부는 여자팀 추월 예선전과 관련하여 특정 경수가 경기 종반부에 의도적으로 가속을 했다는 의욕과 특정 선수가 고의적으로 속도를 줄였다는 의혹도 있지만 이를 모두 사실이 아닌 것으로 밝혔다. 김보름 선수는 왕따의 인간관계에서 팀을 위해 참았고 선수로서의 역량을 발휘하는 데 어려움을 극복해야 했다. 말 못할 입장에서 에피소드로 끝날 수 있었던 왕따의 선입견에서 타당한 왕따로 자존감을 이끌어 낼 수 있었다.

여러 동아리와 모임을 하다보면 카카오톡 단톡방이 우후죽순 늘어나고 동질성이 있는 단톡방으로 분류가 되고 그중에 엑기스 교집합인 소소한 방들이 만들어진다. 간혹 4명이 모여 이야기를 하는 도중 동시에 알리는 메시지가 나에게는 울리지 않는 상황이 있다. 메시지 알람 소리를 알아차릴 때 당혹스러움보단 무조건 모르는 척한다. 내가 여기엔 있는데 다른 곳에서는 없는 현실은 '너는 카따다'의 무언의 메시지를 전하는 것일지도 모른다. 나의 카따와 너의 카따 사이에 무엇을 찾을 수 있을까? 다만 나의 마음을 얼른 챙겨야겠다.

　삶에서 킹따를 알게 되면 당황하지 않기

　1. 이왕이면 새로운 사람들 사이에서 만나기
　2. 미리미리 킹따 멀리하기
　3. 킹따보다 자신감 있는 목소리로 크게 말하기
　4. 킹따는 금따에게 보내기

　킹따를 만난다 하더라도 오르고 내리는 감정을 모르는 척한다. 내가 선택한 관계에서 킹따가 있다면 내 안의 금따를 믿어 본다. 킹따에게 내가 왕따로 선택된다면 마음의 준비를 철저히 한다. 하지만 킹따를 굳이 만나야 할까?
　미국 국가 대표팀의 일원으로 장애인 올림픽에서 금메달 1개 은메달 3개를 안겨 준 빅토리아 알렌은 11살에 폐렴 증상으로 식물인간 판정을 받았다. 아무도 깨어날 수 없다고 했지만 부모님과

쌍둥이 형제의 사랑과 믿음으로 의식을 찾을 수 있었다. 회복이 진전되었지만 휠체어를 타고 생활해야 했다. 학교생활을 하면서 친구들은 알렌의 휠체어 탄 모습을 놀리거나 왕따를 시키기도 했다. 그녀는 어릴 적에 좋아했던 수영을 오빠와 남동생이 수영장에 던져지게 되면서 다시 하게 되고 그 계기로 재활이 되어 휠체어에서 일어나게 되었다. 포기하지 않고 재활 활동을 한 결과 목발을 짚고 마침내 두 발로 혼자서 걷게 된다. 가족의 믿음을 통해 의사도 포기한 삶과 친구들의 무수한 왕따를 이겨내고 새로운 경험과 개척하는 인생을 살 수 있었다. 누구보다 자신의 굳건한 의지로 세계신기록 갱신하며 유명한 인기스타로 활발하게 활동하였다.

우리의 운명은 종이 한 장 차이다. 왕따와 뇌사 상태의 상황을 어떻게 바라볼 것인가? 다만 우리가 어려울 때마다 아무것도 하지 않는다면 종이 한 장의 차이도 느끼지 못할 것이다. 나의 마음에 종이 한 장은 날아갈 듯한 가벼움이 아니라 종이 한 장에 위대한 희망을 담고 있다.

존중의 새싹에 사랑을 담다.
사랑을 차별하며 존중하지 않는다.

사람 안에 사람을 가두지마

할머니가 마당 너머 석양을 바라보며 커다란 초록대문 아래에 있는 바위에 앉아 울고 계셨다.

"할머니! 왜 울어요?"

"밥 먹으로 가자."

옷소매로 눈물을 훔치며 나의 손을 잡아주셨다.

초등학교 5학년일 때의 마음으로는 할머니를 이해하지 못했다. 알기는 더욱 어려웠다. '할머니가 누구랑 싸우셨을까?'라고 잠시 생각을 했을 뿐이었다. 석양이 질 때 그리고 조용히 나도 모르게 눈물이 흐를 때면 돌아가신 할머니가 보고 싶다. 퇴근을 하고 버스를 기다리면서 빌딩 사이로 빛을 감추듯 해가 저무는 풍경은 그리운 할머니 마음을 보여주는 것 같다. 할머니의 깊은 주름 안에 담긴 삶의 무게와 아픔이 조용히 마음에 눈물로 느껴진다. 하루 일과가 힘들면 더욱 말없이 바위에 앉아 울고 계셨던 할머님이 떠올랐다. 점점 어른이 되어가고 있다.

　책을 읽고 토론하면서 서로의 생각과 느낌을 공유를 하는 모임을 일주일에 한 번 참석했다. 그곳에 가면 책을 좋아하는 사람들이 많아 동질감이 생길 수 있는 사람들이 많아 기대하면서 갔다. 한 권의 책으로 긍정적, 부정적인 개인의 사적이고 주관적인 이야기를 하면서 또 다른 시점으로 이해를 했다. 결국 책보다 사람들의 생각을 알고 싶어 사람책을 만나러 가는 재미가 좋았다. 사람이 걸어가는 길에 사람의 마음을 기다리는 책의 길이 있었다. 그리고 사람에 끌어당김을 느끼며 독서토론장에 가고 있다.

　구스타프 클림트 탄생 100주년 해에는 독서토론 동아리에서 화가 클림트에 관련된 책을 읽었다. 그 후 클림트 앓이를 하는 회원이 생겼다. 어떤 회원은 여행 계획을 세워 클림트가 살았던 생가를 찾아가 현장감 있는 사진을 보내주기도 했다. 가장 기억에 남는 이야기는 〈키스〉의 그림을 정면이 아닌 옆에서 그림을 보면서 이동하면 입체적으로 보인다는 사실을 다시 확인했다. 금가루가 떨어지는 입체적인 느낌이 어떤 느낌인지 무척 궁금했다. 직접적으로 보지 않으면 이해하지 못하는 앓이가 전염되었다. 한동안 클림트를 잊고 있었다. 제주도 여행일정에 참여할 수 있는 기회가 있었다. 일정을 진행하는 중 비가 오면 실내관람이 좋을 것 같다는 의견이 있었다. 제주에서 화가 클림트 작품을 빛으로 관람한다는 정보를 듣고 백문불여일견百聞不如一見 성산에 숨겨진 통신벙커에서 '빛의 벙커'를 찾아 갔다. 입구부터 화려한 클림트의 벽화가 인상적이었다. 입장을 하면서 어두웠던 공간이 빛과 음악으로 채워져 화려하고 웅장한 입체감을 느꼈다. 벙커 안에 빛으로 만든 그림은 갇혀있지만 갇혀 있지 않은 자유로움이 보였다. 다섯 살 아이도 아빠 손을 잡고 두발을 동동 구르며 손가락으로 작품을 가리키며 신나게 감상을 한다. 벙커 안에서 클림트 작품들이 꽃을 피우고 있다.

예술가의 감성은 아이의 눈높이와 같다.

존중의 새싹은 어두운 동굴에서도 살아간다.
마음에서 우러나온 존중을 표현한다.

감정보다 감성이 좋다

전화를 하면서 상대방의 말을 재차 확인한다. 상대방이 전달하고자 하는 내용과 내가 기억하는 내용이 달랐던 경험이 있기 때문이다. 사적인 일보다는 공적인 일에 대한 부담으로 한 번 더 대화 내용을 확인하는 것이 고착화가 되었다. 그로 인해 어떤 사람은 반복적으로 하는 말을 들으면 답답하게 생각을 한다. 일에 대한 정확성을 위해서라고 설명을 해도 반복적으로 이야기를 한다고 말을 한다. 상대방은 업무에 대한 전화 내용을 듣고 반복적으로 말을 하는지 이유를 물어보지 않고 반복하는 말습관에 대해 말하고 또 말했다. 도움을 주고 싶어 말해준 내용이다. 내가 상대방의 말을 '되말하기'로 확인하는게 잘못된 말습관이라고 느꼈을 때 기분이 나빴다. 그 순간 감정적으로 대처하고 싶었다. 감정으로 상대방의 말에 말을 한다면 말대꾸 혹은 변명처럼 전달될 것 같았다.

"사적인 대화보다 공적인 대화에서 확인을 하려고 물어 보았어요."

"반복해서 물어보더라고."

상대방에게 평소 나의 말습관이 불편하게 이야기를 했다면 참고하고 사과를 했을 것이다. 하지만 일에 대한 내용을 반복해서 말하는 것을 무조건 고치라고 권하는 것은 감정적인 충고로 들렸다. 가까운 상대방일수록 손바닥 뒤집듯 감정에 치우치기 쉽다. 단 1%의 기대하는 감정이 99% 상처가 되지 않기를 바란다.

감정보다 감성이 좋다.

미술관에 전시된 작품을 어떻게 감상을 하면 좋을까? 느껴지지 않는 감정을 억지로 꾹꾹 찌른다고 해서 감성으로 다가올까? 느껴지지 않는 감성을 격하게 흔들지 말라고 말하고 싶다. 감정으로 느껴지지 않는 것에 연연해하지 말아야 한다. 작품의 시대적인 배경, 지식, 작가의 의도를 알고 감상해도 좋다.

'감정보다 감성이 좋다.' 하여 계란 후라이 뒤집듯 뒤집기 어렵다. 누구도 감정으로 감성으로 작품을 감상하지 못한다고 해서 비난하지 않는다. 창피해 하지 않아도 된다. 느껴지지 않는다면 보이는 그대로 그대로면 된다.

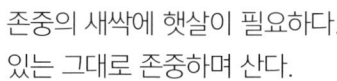

존중의 새싹에 햇살이 필요하다.
있는 그대로 존중하며 산다.

비전은 무너지지 않는다

　나의 습관 중에 파워포즈로 거울을 본다. 자신감을 끌어올리기 위한 비언어적 행동이기도 하다. 파워포즈 중 '원더우먼'의 자세로 양손을 허리에 두고 두 다리는 어깨 넓이만큼 벌리고 당당하게 하고 턱의 높이는 살짝 들어 올리며 바라본다. 자신감 있는 자세로 마음상태를 우월하게 만드는? 면접을 보거나 상사의 면담이 있는 날에 더욱 효과적이다. 이루고자 하는 목표를 이룬 것처럼 당당한 자세로 생활 한다. '나는 대중과 함께하는 강연자다.' 내가 이루고자 하는 목표를 이룬 것처럼 행동한다.

"여기에서 강의를 하면 어떤 느낌일까?"

"선배, 저 이곳 강당에서 3년 후에 강의를 할 거예요."

목표는 지금보다 단기적, 장기적인 목표로 나누어 세우면 구체적인 비전이 될 수 있다고 선배가 조언을 해줬다. 처음엔 단순히 강사가 되는 모습만 목표로 세웠었다. 선배의 권유로 특강을 듣게 되었던 3층 높이의 웅장한 강의장과 생동감이 넘치는 목소리가 지금도 들리는 듯하다. '피렌체'의 도시와 관련된 주제로 강의 듣는 동안에 무대에서 강의를 하는 나를 상상하게 되었다. '인간관계 다이어트 핸드메이드'의 강연 주제로 대중과 공감을 주는 이야기를 하는 무대를 만들고 싶다. 내가 하고 싶은 것에 대해 지금도 습관처럼 메모지를 보면 볼펜을 들고 강의장 안에 무대를 그리고 무대 위에서 관객을 바라보고 있는 나의 뒷모습을 그린다. 관객이 꽉 차게 앉아 있는 모습을 그리다 보면 두 볼이 발그레해진다. 3년이 지났지만 목표를 이루지 못했다. 단순히 목표를 이루기 위한 삶을 살았다면 나에 대한 실망이 컸을 것이다. 기간을 두고 다시 목표를 비전으로 세우고 도전을 한다. 지식과 경험이 쌓여 비전을 포기하지 않는 나의 의지만 있다면 내가 원하는 무대에서 강의를 하고 있을 것이다. 나의 삶을 이끌어 주는 비전은 계속된다.

이층집 하얀 벽 가득 검정 스프레이로 까만 고양이의 그림으로 유명한 후배가 기억이 난다.

벽 주변에 모여 모두들 "진짜 크다. 까만 고양이가 튀어 나올 것 같아."라고 말했다. 후배는 자신이 하고 싶은 일을 빨리 하고 싶어 부모님을 설득해 고등학교를 자퇴했다. 자퇴를 하면 계획했던 목표가 빨리 이루어질 것이라고 기대를 했다. 음악밴드를 결성하고 목표가 가까워지는 듯했지만 막상 현실에 부딪히면서 어려운 점이 많았다. 후배는 결단을 해야 했다. 음악밴드 활동을 멈추고 다시 공부를 해서 검정고시를 도전하게 되었다. 그리고 합격을 했다. 후배는 대학교에 실용음악과를 선택해서 진학하게 되었다. 요즘은 인디밴드를 결성을 해서 오디션 준비를 하고 있다는 소식을 들었다. 음악과 함께하는 삶을 이루기 위해 도전하는 동안 후배는 누구보다 열정적이었다. 목표를 세워 이루지 못해도 비전을 응원했던 건 후배 자신이었다고 말하고 싶다. 물론 후배 부모님의 속타는 지지가 있었기에 가능했지만 말이다.

최대 1m까지 자라는 메기는 입이 크지만 모든 물고기를 잡아먹지 못한다는 말이 유래한다. 욕심만큼 많은 물고기를 한꺼번에 잡아먹지 못한다는 의미도 있다. 목표도 동시에 이루어지기는 어렵다. 이룬 목표도 있고 진행 중인 것도 있다. 그리고 이루지 못한 목표도 있다. 새로운 목표가 행동 사이사이에 생기기도 한다. 이루지 못한 것들은 다시 시도하고 도전하면서 타협해도 된다.

  목표와 비전보다도 더 중요한건 나다. 내가 없는 목표와 비전은 의미가 없기 때문이다.

  목표에 한계를 짓지 않는 것 또한 비전을 이루기 위해서 바꾸고자 하는 마음 안에 있는 행동 변화다.

존중의 새싹이 자란다.
나에 이름을 부르며 존중하는 한 사람이 중요하다.

속전속결보다 느리게

"문화산업대학원 한지문화산업학과를 입학하면 일과 한지를 어떤 콘텐츠로 구상하고 싶나요?"

"오랜 전통의 종이인 한지를 사람들과의 관계를 위해서 트레이닝 하는 데 도움이 되는 진정성을 연결하는 도구로 활용하고 싶습니다. 구체적인 방법은 공부를 하면서 찾아보려고 합니다."

교수님의 질문이 대학원에서 내가 무엇을 해야 하는지에 대한 구체적인 생각과 방향성을 사색하게 하는 힘이 되었다. 한지의 질감을 만지고 결을 찢어보고 뭉치는 등 다양한 방법으로 한지의 특성을 이해해 보려고 시도했다. 한지를 생활에서 어떻게 이용을 하고 구성을 해야 하는지는 느리게 생각하고 생각을 뜸들이며 사유해야 하는 시간이 필요했다.

현장감 있는 체험을 위해 전주 한옥마을에 있는 박금숙 닥종이 인형연구소를 찾아가 닥종이 인형을 만들어 보기로 했다. 화려한 한지의 옷을 입고 있는 다양한 닥종이 인형들이 전시되어 있었다. 닥종이 인형이 만들어지는 과정은 일주일에 두 번 2~3시간 정도 4개월의 시간을 가지면 완성을 할 수 있다고 설명을 해주었다. 닥종이 인형을 만들기로 결정했으니 동화에 나오는 주인공을 닥종이 인형으로 만들어 보기로 했다. 〈피터팬〉 동화의 한 장면을 선택하여 닥종이 인형의 뼈대를 만들어 신체의 동작을 표현하였다. 사람의 몸을 만들기 위해 한지를 A4사이즈로 여러 장을 자르고 곱게 풀을 발라 준비를 해두었다. 풀을 머금은 한지를 결대로 찢어 얼굴 뼈대에 붙이면서 닥종이 인형의 두상을 만들어 갔다. 한 번에 얼굴을 완성하지 않고 한지의 두께에 따라 붙인 한지가 마르기를 기다려야 했다. 그렇게 천천히 심지어는 느린 시간을 채워야 했다. 첫 수업을 하며 '과연 닥종이 인형을 완성시킬 수 있을까?' 하는 걱정이 앞섰다.

'토끼와 거북이'의 달리기를 하는 이야기에서 토끼는 여유로운 자세로 거북이는 꾸준한 노력으로 참여를 했다. 달리기를 도전하는 마음가짐은 달랐다. 달리기에 토끼보다 느리다는 것을 안 거북이는 쉬지 않고 달려 토끼보다 먼저 도착했다. 거북이보다 빠르다는 걸 안 토끼는 달리기 도중 낮잠을 자고 일어나 깜짝 놀라 결승점을 향해 달려 거북이보다 늦었지만 도착을 했다. 거북이가 느리다고 달리기를 시작도 안 했다면 결승점에 도착하는 기쁨을 느끼지 못했을 것이다.

"나의 사랑에 나이는 몇 살일까?"
 요즘 나의 사랑에 속도는 느낌적으로 빠르게 스쳐지나가고 미세먼지와 함께 섞인 꽃가루와 같이 쉽게 혼돈스럽다. 아마 감수성은 낮고 표현하기는 어렵다. 사랑을 시작한 스무 살의 나이만큼 어느덧 사랑한 나이가 같아졌다. 이 시점에 나는 다행스럽게도 사랑이 새롭게 느껴졌다. 고왔던 나의 손이 건조해져 다소 거친 손이 되었지만 두 손을 내밀어 포근하게 감싸주고 싶은 마음의 여유가 생겼다.
 내가 사랑하는 사람이 나의 사랑의 속도와 같지 않다고 사랑의 무게가 어떤 돌보다도 무겁게 느껴졌었다. 이젠 사랑의 돌의 무게가 아닌 돌을 나열하여 두드리며 걷고 있다.

우리는 시간을 빠르게도 느리게도 사용 한다. 빠른 시간을 사용하는 사람도 느리게 사용하는 사람도 결국 조화를 이루면서 큰 시간 안에서 함께하게 된다.

존중의 새싹에 말하는 방법을 안다.
존중하는 마음을 나 전달법(I-message)
"네가~ 하면" 이라고 행동에 대한 느낌을 말한다.
"나는~ 라고 느낀다." 느낀 점을 서술한다.
"왜냐하면~ 이기 때문이다." 이유를 설명한다.

멍들기 전에 소리 질러

심리학 용어 중 '조하리 창'이라는 말이 있다. 자신과 다른 사람의 정보에 따라 4가지 영역으로 나눴다. 나도 알고 너도 아는 열린 영역, 나는 모르고 너는 아는 맹인 영역, 나는 알고 너는 모르는 미지의 영역, 나도 모르고 너도 모르는 맹인 영역이다. 마음의 영역을 나누어 구분하면 적어도 내가 어떤 점을 다른 사람과의 관계 향상을 위해 늘려야 하는지를 알 수 있다.

나와 함께하는 사람들에게 공감에 도움이 되는 영역을 얼마나 많이 넓히려고 노력을 했을까? 또는 상대방으로 하여금 필요한 영역을 공감을 할 수 있도록 얼마나 도왔을까 나는 모르고 너는 아는 맹인 영역의 관계에서 좀 더 영역을 늘리는 나도 알고 너도 아는 열린 영역으로 관심을 가져야 한다.

"언니! 며칠 전에 가슴 수술을 했어."

후배의 뜬금없는 가슴 수술이야기에 놀랐지만 가슴이 작아 고민했던 나는 호기심 있는 표정으로 물어 봤다.

"가슴을? 아팠어? 얼마에? 어때?"

"수술할 때보다 마취 깰 때가 더 아팠어. 가슴에 섬유근종이 크고 작은 사이즈가 많아서 우선 큰 근종부터 수술했어."

후배의 가슴 수술은 가슴에서 자라고 있는 섬유근종을 제거하는 수술을 했다는 사실이다. 나는 왜 가슴성형으로 단정지어서 이야기를 들었을까? 가까운 사이지만 추측하며 대화를 하는 나를 본다.

후배는 가슴에 몽우리가 만져졌을 때 일시적일 거라고 병원에 가는 걸 미루었다. 그리고 병원에 갔을 땐 생각보다 많은 섬유근종을 보는데 울컥하기도 전에 눈물이 주루룩 흘렀었다.

"언니! 나는 가슴을 돌멩이로 가득 채울 만한 한들이 많은 가봐."

"마음이 아프니 몸도 아픈 거야. 아프다고 말하지 않으면 알 수 없어."

"소소한 고민이라고 생각했지. 누구나 고민 없는 사람은 없고."
"내가 너의 마음을 들여다볼 수 없어 안타깝다."

타 지역에 취업을 했지만 적성에 맞지 않아 후배는 이직을 결심을 했고 새로운 직장에서 어렵게 적응을 하고 있었다. 후배의 이야기를 들으며 내가 할 수 있는 것은 '감정 읽어주기'로 공감을 하니 표정이 밝아지고 목소리에도 힘이 있다.

후배와 관계에서 올바른 감정읽기는 그래도 쉽다. 상대방과 붕어빵 찍듯 같은 표정으로 마주하며 대화를 한다. 하지만 장난하듯 따라하는 표정은 금지다. 또한 긍정적 공감에 대한 호응은 간단한 대답이어도 좋다. 단지 "네"를 단호하게 대답하기보다는 장음으로 "네에" 대답해주면 된다. 대화하는 상대와 신뢰가 있는 감정읽기는 멍들기 전에 예방하는 처방이 된다.

우리가 상대방을 위해 때론 마음을 열어 주거나 마음을 열 수 있도록 준비를 해준다면 쉽게 상처받지 않고 상처 받을 고민이 먼저가 되지 않는다는 점이다.

내가 상대방 마음에 멍이 들어있는지는 볼 수는 없지만 수많은 멍들에게 스피커를 달아주고 싶다. 마음에 담겨 있는 멍들이 외치는 소리를 잘 듣기 위해.

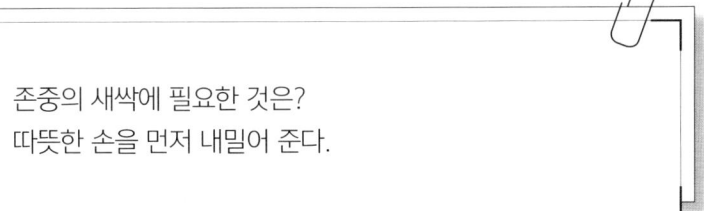

존중의 새싹에 필요한 것은?
따뜻한 손을 먼저 내밀어 준다.

감정의 균형 맞추기

눈이 내리는 날이다. 감성적인 날에는 인문학 선생님이 왠지 보고 싶다. 선생님은 전화는 받지 않았다. 오늘은 어디에서 강의를 하고 계실까? '선생님 통화 가능하실 때 전화 부탁드려요.' 문자를 보냈다. 30분이라도 선생님과 만나 추운 겨울날 쓸쓸한 마음을 따뜻하게 하고 싶다. 깜깜한 밤에 조용히 내리는 눈이 별처럼 반짝인다.

'파이마네 소녀'에서 우리는 1시간 30분 이야기를 했다. 선생님은 며칠 전에 다시 읽고 있는 《로마인 이야기1》 책에 대해 이야기해주셨다. 선생님은 나에게 최근 읽는 책 장르를 물어보셨다. 웹툰이라고 말할 뻔했다.

고민은 많은데 무슨 이야기를 해야 할까? 선생님은 조명 아래로 고개를 숙여 나를 바라 보셨다.

"아파? 얼굴이 피곤해 보여."

"잠을 못 잤어요."

"고민 있어?"

"이런 저런 생각이 많아요."

"하고 싶은 말이 있어 보자고 한 거 아니야?"

"일을 마치면 퇴근 후 공허함이 느껴져요."

"왜 공허함이 느껴질까?"

기분에 우울증이 더해 잠시 후 내가 관심 있어 하는 것에 물어보셨다. 대답을 머뭇거리자 선생님은 라디오 방송국에서 있었던 에피소드와 원고의 중요함을 이야기해주셨다. 봉사 활동으로 꾸준히 아줌마독서토론 모임에서 서서히 변화되는 모습을 말씀하실 때에는 무척 뿌듯해하시는 표정이었다. 선생님의 이야기를 듣고 있으니 내가 나의 감정을 몰라 아무 말하지 못하고 있다. '감성적이다.'라고 말하는 건 정작 나의 기분에 대해 알지 못해 모호한 단어로 정리한다. 솔직하게 말하고 싶어도 못하는 건 상대방에 대해 눈치만 보는 거다. '선생님께 하고 싶은 말을 해.' 혼잣말을 하지만 결국 아무 말도 못했다.

  나의 감정에 대해 솔직해져야 한다. 자신의 감정을 모르고 갈등만을 가지고 간다면 '나와 존중'의 부재가 된다. 감정의 균형을 맞추기 위해 무엇보다 중요함 점은 '나의 감정 알기'다. 행복할 때도 외로울 때도 우리의 감정은 롤러코스트를 타고 있다. 스릴 있는 톨러코스트 놀이기구 탈 때는 안전벨트를 착용한다. 그렇지만 '나의 감정의 균형을 누군가는 잡아주겠지!'라는 기대감을 갖지 말아야 한다. 내가 느끼는 감정에 대해 안전장치를 스스로 해야 한다. 내가 오르고 내리는 감정에 쏠려 나를 감정에 맡기지 말아야 하는 이유다. 나와의 감정을 스스로 균형을 찾아 간다. 내가 가지고 있는 갈등의 관계에서 나를 잘 알아야 한다.

  바다에 살다가 산란을 위해 민물 혹은 강으로 돌아오는 물고기를 회유성물고기라고 한다. 바다에서 알을 낳지 않고 강에 알을 낳기 위해 왜 돌아올까요? 바다 어느 곳이든 알을 낳아도 좋겠지만 바다를 거슬러 강으로 가려고하는 이유는 번식을 위한 본능적인 행동일 수 있지만 스스로가 자신을 알아가는 도전이라고 본다.

왜 감정의 균형을 맞추는 것이 삶에 무슨 관계가 있는지 물어 본다면 내가 느끼는 감정을 바로 알기가 중요하기 때문이다. 어떻게 알고 어떻게 감정을 표현하는 말에 있다. 감정을 균형 있게 맞추는 것은 누구보다 나를 알기 위한 누구보다 나를 알기 위한 나 자신과의 관계에 대한 소중함을 말한다.

상대방과 내가 밀땅하는 감정이 아닌 내가 나와 균형을 맞출 수 있는 기술은 무엇보다 존중이다. 나다운 감정을 알아차린다면 내가 전하는 말에 기분을 균형 있게 전할 수 있다. 내가 모르는 감정을 어느 누구도 알 수 없다. 나다운 내가 된다는 것은 감정의 균형을 조절하는 버튼이 있는 건 아니다. 내가 나를 위한 나다움으로 이끌 수 있는 나의 감정을 이해하는 진정한 자세다. 나를 제대로 볼 수 있을 때 감정의 균형을 맞출 수 있는 나의 본질을 안다.

> 존중의 새싹에 쉼바람도 필요하다.
> 균형적인 삶을 위해 존중하는 마음도 키운다.

따뜻한 상추쌈 다이어트

"강사님! 3월 9일 토요일에 '독서토론' 진행에 대한 방법론 강의를 부탁드립니다."

"일정 확인해 보고 다시 전화 드려도 될까요?"

한 통의 전화로 갈등을 하게 되었다. 같은 날짜에 카네기 독서토론 동아리 '공감' 회원님들과 보육원 삼겹살 봉사가 있었다. 하지만 생활비로 30만 원의 강의료가 필요했다. 어떻게 할지 고민을 하고 또 해도 보육원에 봉사를 가기로 결정했다.

"오늘은 삶이다 – 바로 당신이 확신할 수 있는 있는 유일한 삶이다.

오늘을 최상의 날로 만들어라. 뭔가에 관심을 기울여라. 당신 자신의 혼을 깨워라. 열정의 바람으로 당신 자신을 감싸라."

데일 카네기

화창하고 따스한 날씨는 기분 때문인지 참 좋았다. 보육원 마당에는 누르스름한 강아지 한 마리가 뛰어다니고 있었다. 먼저 도착한 회원님들과 인사를 나누고 아이들을 위해 삼겹살과 함께 먹을 야채와 반찬을 준비했다. 점심 식사 시간에 맞춰 삼겹살을 먼저 굽기 시작했다. 웃음소리가 들리면서 우르르 몰려오기 시작했다. 내가 아이들을 맞이하는 테이블은 맨 끝에 있었다. 키가 제일 작아 보이는 여자아이 두 명이 웃으며 인사를 했다. 삼겹살을 굽는 집게를 내려놓고 눈을 마주보며 인사를 했다. 큰 눈이 무척 예뻐 보였다. 먹기 좋게 작게 자른 삼겹살을 손바닥보다 큰 상추에 올려 쌈을 싸는 모습을 보니 행복했다. 크게 싼 상추쌈을 "선생님"하고 나에 입어 넣어 준다.

보육원에 올까 말까를 고민했던 순간이 창피했다. 커다란 상추쌈이 입안에 가득 채워졌다. 두 볼 빵빵하게 씹는 모습을 아이는 흐뭇해하면서 쌈장에 고기를 찍어 먹었다. 처음 본 아이의 눈에서 엄마의 사랑이 담긴 따뜻한 존중이 느껴졌다. 삼겹살을 먹는 내내 다정한 존중을 받았다.

봉사를 하는 마음으로 다이어트를 해 본다. 다이어트를 하면서 상대방에게 보여주기 위해서가 아니라 사랑하는 마음으로 다이어트를 해야 한다. 나를 사랑하는 존중이 가장 사적이기 때문이다.

존중의 새싹을 바라본다.
그냥 존중한다.

두려운 성공보다는 도전하는 실패가 좋다

유리문 사이에 두고 시끌시끌해 보이는 손님과 실랑이를 하고 있는 모습이 보였다.

"비싸요!"

"내가 찾는 건 없네요."

"손님이 말씀하신 요구 사항은 알겠어요. 하지만 가방이 뒤틀려요."

손님들은 가격표만 보고 또는 가게를 휙 둘러보고 나가며 한마디씩 하며 서늘하게 나갔다.

서울시 용산구 한강대로 104길 77 후암재래시장 안 세이쏘잉 대표의 하루는 손님과의 소란스러움으로 시작했다. 작은 공간이지만 핸드메이드 패브릭소품으로 아기자기하게 꾸민 공간에 자부심이 느껴졌다. 오고가는 손님들이 편안하게 문턱을 넘어 사람냄새를 느끼는 후암재래시장 사랑방이었다.

그녀는 옷의 소품인 브로치, 목걸이, 벨트 등을 디자인하고 많은 브랜드 의류 시장에서 인정받는 디자이너였다. 매번 고군분투하며 옷의 일부분인 액세서리로 성과를 내며 급속도로 성장을 했다. 하지만 창의적인 아이디어로 새로운 액세서리 디자인을 만들어 인정을 받을 때마다 마음 한구석 커다란 공허함을 느꼈다. 의류 브랜드 시장 속으로 그녀의 액세서리 디자인이 종속될 뿐이었다. 그녀는 고민 끝에 2013년 6월에 창업을 했다.

작은 상점을 운영하는 대표라고 마냥 손님이 알아서 찾아와 주기를 기다리지 않는다. 손님이 상상하는 소품의 디자인을 구체적으로 만드는 스킬이 고민이다. 그녀는 이제 '역지사지 마케팅'의 갈등 고민을 시작했다. 일에 끌려 다니지 않고 주도적으로 이끌 수 있는 '세이쏘잉'의 대표이기 때문이다.

그녀는 말한다. '내가 두려웠던 일들을 이제 같이 해나가려고 한다. 혼자가 아니라 함께다. 이제 4차 산업혁명의 시대에 사람이 설 수 있는 자리가 많아질 것이다. 한 사람 한 사람의 아날로그 손맛이 후암동 재래시장에 모인다. 앞으로 세이쏘잉에 작은 사랑방이 마을공방 속으로 공동체가 되어 창작의 시작이 된다.'

두려운 성공보다는 도전하는 실패가 좋다. 성공은 좋은 단어고 실패는 나쁜 단어라고 정의할 수 없다. 수없이 실패를 거듭했다고 해서 실패했다고 결론 내지 못한다. 도전을 두려워하지 않고 성공이 실패해도 다시 도전한다. 모든 일은 내가 결정하기 때문이다.

성공도 실패도 내가 책임진다. 한 걸음 다가가는 행동도 도전이다. 누구보다 나를 찾아 성공하는 나를 만나고 싶다면 실패를 두려워하지 않는다.

> 존중의 새싹 성공을 품다.
> 존중하면 성공한다.

행복한 자신감

 자신감의 씨앗은 행복이다. 행복을 추구하는 인간관계가 자신감을 준다. 행복한 자신감을 키우기 위해서는 행복을 나누고 곱하고 더하기 빼기를 해야 한다.
 행복한 자신감의 나누기는 마음을 나누는 무조건적인 마음 봉사에서 시작한다. 지체장애가 있으신 분들이 있는 병원에 머리카락을 잘라주는 자원봉사를 했을 때가 기억난다. 장애인이라는 선입견 때문인지 겁도 났고 가위를 사용할 때 위험할 것 같다. 다소 머리카락은 덥수룩하고 땀 냄새가 코를 찌른다. 머리카락을 빗질

하는데 잘 빗겨지지 않기도 한다. 하지만 한 분 한 분 순서를 기다리며 차분하게 앉아 머리카락을 자른다. 잘 다듬어진 머리스타일에 관심이 없어 보였지만 무뚝뚝한 표정이 부드럽게 보인다. 봉사를 하기 전에 자졌던 부담감이 한 명씩 머리카락을 잘라주면서 깔끔하고 달라진 모습에 뿌듯하다. 봉사를 다녀온 후 무뎌진 가위를 정리하면서 혼잣말을 한다. '다음에 또 봉사를 갈 수 있을까?' 한 달 후 다시 머리카락을 자르는 봉사를 하기 위해 가위, 빗, 바리캉을 챙겼다.

　행복한 자신감의 곱하기는 부모님의 무조건적인 마음을 이해할 때다. 아빠는 농부다. 파란 트럭을 운전하시며 논과 밭을 다니신다. 때론 아빠의 파란 트럭은 친구들과 늦게까지 놀다 막차를 놓친 큰딸을 데리러 오기도 한다. 택시를 타고 귀가할 수도 있는데 큰딸은 아빠를 기다린다. 파란 트럭을 친구들도 같이 기다려주기도 한다. 부모님의 사랑이 간섭 같았다. 지금은 지나가는 파란 트럭을 보면 추운 겨울날 발을 동동 구르며 아빠를 기다리던 내가 기억난다. 아빠의 사랑이 귀찮게 느꼈던 큰딸은 무조건적인 사랑이라고 이제야 알아차린다. 파란 트럭은 상징적으로 아빠의 사랑이 되었고 행복한 자신감으로 성장했다.

행복한 자신감의 더하기는 함께 성장하기다. "너는 언제까지 나를 가르치려고 할 거야?" 언니가 화가나 말한다. 내가 공부하고 있는 걸 물어 봐서 알려줬고 물어 보는 질문에 내 생각을 말했지만 옳지 않았다. 내가 하고 싶은 말만했고 언니가 듣고 싶은 말을 하지 못했다. 언니를 위해 언니에게 도움이 된다고 생각한 나의 일방적인 말이었다. 함께 성장한다는 것에 대해 무엇이 필요한 말이었는지를 질문했어야 한다. 질문에 대한 답을 명확하게 말하기 어렵다면 급하게 결론을 말하지 말고 말하기를 멈춰야 한다. 언니에게 도움이 되지 않는 답을 여러 개 하지 말고 원하는 답을 물어본다. 말하고자 하는 의도를 이해하지 않고 답을 해준다면 함께 성장하는 것이 아니라 감정적인 대립이 된다. 언니가 화가 난 이유에 대해 들어 준다. 들어만 주어도 함께 성장하는데 행복감을 느낀다. 행복한 자신감은 귀로 듣고 마음으로 이해하는 대화다.

　행복한 자신감의 빼기는 성공의 목표만을 보고 욕심을 부리지 않는다. 성과를 달성하고 일에 목표를 이루려고 하는 자신감이 상대방을 위협하는 것처럼 느껴지기도 한다. 그룹 안에서 적극적인 행보가 리더십이 있어 보이지만 혼자만의 리더십을 강요하는 모습으로 비춰진다.

행복이 자신감에게 말한다.
"너 나한테 잘해."
자신감이 행복에게 대답한다.
"너 나 잘해."

자신감의 새싹은 행복이다. 내 마음을 뚫고 나오는 작은 행복을 느낀다면 내 안의 자신감을 만난다. 행복이 주는 자신감은 나를 성장시키는 영양분이 되고 열매를 맺어 다시 씨앗으로 나눌 수 있다. 인간관계에서 관계의 마음나누기, 관계의 사랑곱하기, 관계의 질문곱하기, 관계의 욕심빼기를 하며 자신감 있게 행복하면 된다.

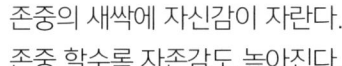

존중의 새싹에 자신감이 자란다.
존중 할수록 자존감도 높아진다.

시키는 엉터리 말 바꾸기

나에게 정중히 말한다.

"부탁해요."

정중한 부탁이지만 거절하고 싶다. 거절을 못하고 부탁한 일을 한다.

"부탁을 들어주셔서 감사해요."

'다음엔 시키고자 하는 의도를 감추고 부탁하지 마세요.'라는 나의 마음에 소리가 들린다. 거절할 수 없는 상대방의 심리를 파고들어 부탁을 한다. 이젠 거절할 수 없는 상대의 일을 스스럼없이

'○○가 부탁 했어요.'를 대화에 사용하며 부탁한다. 부탁이라는 가면 씌워 타당성 있는 시키는 말이라고 해도 싫다. 상대방을 위한 부탁이기보다 이기적인 자신을 위한 친절하게 말하는 습관이다. 스스로가 말하는 습관이 부탁을 이용한 엉터리 시키는 말이 된다. 부탁하는 엉터리 말을 바꿔야 한다. 곧 시키는 말은 명령하는 것과 같다.

대학가에서는 학번과 상관없이 존댓말을 하거나 '○○씨'라고 호칭을 부르는 분위기를 알 수 있다. 군대 가기 전 후배들이 선배라고 불렀는데 복학을 하고 나니 후배들이 '○○씨'라고 부르는데 거리감이 느껴졌다. 왠지 선배와 후배의 단어가 내가 느끼지 못하는 수직적인 말의 관계라고 볼 수 있다. 당연하게 불렀던 호칭이 단체 집단이 아닌 개인이 추구하고자 단어'가 되고 있다. 어색하고 개인적으로만 느껴졌던 '○○씨'가 수평적인 말로 당연하게 받아들여지고 있는 흐름이다. 선배를 '~씨'로 부르는 호칭은 대학가 유행어가 아닌 신조어가 될 수 있다. 수직적인 말의 관계보다 수평적인 말의 관계가 단지 '~씨'라고 부르는 유행처럼 시작했다. '~씨'라고 부르는 것에 해야만 한다고 강요하지 않는다. 또한 '그렇게 해'라고 시키지 않는다. 대학가에 존중하는 동등한 관계에 '~씨의 호칭으로 말하기'의 문화가 되어가고 있는 과정이 기대가 된다.

"이모! 힘이 세다고 친구들을 괴롭히지 않아요. 약한 친구를 괴롭히는 건 비겁해요."라고 일곱 살 조카가 《내가 대장이야》 동화책을 보면서 이야기를 해준다. 유치원에서 일어나는 생활을 동화에 담아 친구들과 어떻게 지내면 좋은지를 느끼게 해주는 내용이다.

조카의 친구들이 궁금해 물어 보았다.

"어떤 친구랑 제일 친해?"

조카는 유치원에서 단짝으로 지내는 친구 한 명을 이야기했다. 이유가 궁금해 물어보았다.

"그냥 잘 맞아요. 평가를 해 본 적이 없어요." 하며 미소를 지었다.

친구들과 소꿉놀이를 하면서 무조건 '너는 엄마! 너는 아빠! 너는 아기!'의 역할을 하라고 시키면 운동장만큼 속상한 기분을 말해주었다. 친구들에게 시키는 친구들을 함부로 대하는 '나쁜 친구'라고 했다.

유치원에서 친구들과의 관계에서 제일 좋았던 친구는 마음이 잘 통하는 친구들에 대해서도 말해 주었다. 좋은 친구는 나와 잘 어울려주고 둘도 없는 친구가 되어 준다고 했다. 아마도 조카처럼 잘 지내는 관계의 방법을 나도 유치원에서 다 배웠다. 회사에서와

유치원에서의 순수함의 차이가 더욱 크게 느껴졌다.

　나의 말속에 많은 생각과 마음이 담겨져 있다. 시키는 엉터리 말에는 잡초만 자란다. 내가 키우는 잡초다. 하지만 미소가 있는 말에는 꽃향기가 난다. 미소 뒤에 시키는 말을 하지 말아야 한다. 씨앗이 되는 수평적인 마음의 관계를 조카에게 배웠다.

　약한 상대방에게 시키는 엉터리 말로 괴롭힘 주지 않아야 한다. 단지 시키는 말을 탓하는 것이 아니다. 시키는 말의 의도가 어떻게 담겨져 있는지를 생각해 보면 좋겠다. '무심코 던진 말에 개구리는 맞아 죽는다.'는 말처럼 마음의 상처 자국만 많이 남는 건 옳지 않다. 부탁하는 말과 시키는 말에 존중하는 마음이 있고 없는 차이점이다.

> 존중의 새싹이 반짝인다.
> 친절한 존중이 때론 감동이 된다.

여름의
사적인
위대함

하늘 향해 뻗은 아까시
바람 길을 만든다.
바람결에 달달함을 전한다.
아까시 꽃밭에 누워 본다.

강이 흐르는 끝에 서서
하염없이 밀려오는 잔잔한
물결을 바라본다.

산꼭대기에 앉아 있는 구름
나무
구름 보기가 하늘의 별만큼 반갑다.

뜨거운 여름 하얀 찔레 밭을 이룬 산중턱에는
12월의 눈이 녹지 않은 듯하다.

붉은 립스틱을 두껍게 발라 초록 풀잎 사이사이에 찍고 찍다.
양귀비님처럼 붉게 진하다.

PART 3.

부탁과 거절을 잘하는 관계 수업

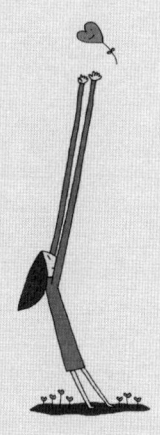

생각만으로도 상처 줄 수 있다

"또 빠트리지 말고 준비해."
'빠트리지 말고 준비물 체크해야지.'
인천공항 버스를 탔다.
"잘 챙겼지?"
"휴대폰 충전기 안 챙겼어."
빠뜨린 물건은 공항에 가서 사기로 했다.
"비행기 출발 30분까지 늦지 말고 만나자."
'안 늦어야지.'

인터넷에서 주문한 물건을 면세점에 찾고 헐레벌떡 뛰었다.

"또 늦어서 미안해."

부정하는 뜻을 나타내는 말의 주문은 역시 틀리지 않았다. 빠트리지 말라고 챙겨주는 말인데 꼭 항상 필요한 물건을 두고 온다. 걱정하며 챙겨주는 말인데 반대로 '너 꼭 빠트린다', '늦고야 말 걸'로 들린다. 마법에 걸린 듯 정신이 딴 데 있는지도 모른다. 준비한 물품 목록들이 흐릿하게 보인다. 잘 보이지 않는다, 나를 위해 생각해주는 말이 나에게 왜 상처를 줄까?

나를 바라보는 사람들이 나의 외모를 보는 사람들이다. 그중에 스치는 사람들도 많다. 내가 눈동자를 움직여 내 자신을 바라볼 수 있는 부분은 턱 아래부터다. 그리고 전신 거울에 비친 모습에서 얼굴에 있는 눈을 통해 나를 마주본다. 내가 나를 보는 외모는 출근 시간, 립스틱 바르는 쉬는 시간, 퇴근 후 세수할 때 그 이외에 타인이 나를 보는 시간이 대부분이다. 그런저런 이유로 외모가 중요하다. 왠지 외모에 스멀스멀 의무감이 생긴다.

"다이어트 해야겠어."

"과연 다이어트 성공 할 수 있을까?"

다이어트를 하고 싶은 의욕을 훅 떨어뜨린다. 걱정을 해준 것일까? 질문을 한 것은 아닐 것이다. 나에게 말하는 말투에서 부정적인 의심을 속이려 해도 상대방을 보면서 직감적으로 말하는 표정을 놓치지 않는다. 예뻐지는 외모를 기대하고 생각하는 것만이라도 내 맘대로 하고 싶다. 생각을 당당한 말로 표현 하는 다이어트가 필요하다. 지방을 줄이고 근육으로 키우는 것처럼 마음에 필요 없는 부분을 줄이고 마음의 탄력을 준비해야겠다. 짐작만으로 생각하는 상대방의 말에 상처를 받지 말아야 한다. '넌 나를 상처 줄 수 없어.'

미성숙한 부정적인 말들이 커지도록 영양분을 공급하는 것은 걱정생각이다. 걱정생각을 하는 것부터 관계에서 심리적 불안감을 준다. 나의 '마음 탄력 인큐베이터'에 넣어 나에게 주는 상처를 건강하게 키운다. 부정하는 뜻을 나타내는 말에 담긴 상처도 이겨낸다.
"넌 나를 상처 줄 수 없어."

부정하는 뜻을 담은 문장의 말을 상대방에게 권하지 말아야 한다. 잘 못하면 걱정생각에 자리 잡아 카오스에서 빠져 나오기 어렵기 때문이다. 나의 생각만으로도 상처 준다.

존중의 성장에 우린 무엇을 할 수 있을까?
존중은 기다림이다. 그리고

색깔 있는 성격 인정하기

"나랑 성격 참 안 맞다."

나에게 건네는 언니의 말은 빈혈처럼 핑 어지럽다. 자동문일 거라고 의심 없이 돌진해 쿵! 부딪히는 나의 부주의한 경험처럼 아프다. '성격이 안 맞다' 혼잣말을 한다. 내 성격이 문제일까? 성격이 옳은 것은 어떤 것인가? 사람의 관계는 항상 사소한 것에서부터 다툼의 원인일 것이다. 음식을 먹을 때도 육식을 먹고 싶다고 하는 언니에게 채식만 고집했고 직장생활이 힘들다고 할 때 누구나 그 정도는 힘들다고 단정 지어 말했다. 나만의 성격에 고집을 피웠고 언니의 감정을 나의 성격에 가려 마음을 읽지 못했다. 내 앞에 나와 성격이 맞지 않아 답답해 하는 언니가 있다.

"언니 나는 착하지 않아. 누구에게나 성격의 개인차는 있어."

심리학자 한스 아이젱크(Hans Eysenck)은 성격요인을 감정적이냐와 안정적이냐의 차원과 외향적이냐 내향적이냐의 2가지 차원으로 분류했다. 나는 언니에게 감정적이면서 외향적으로 말하는 성향이 강했다. 성격은 습관이 쌓여 경험이 되고 차곡차곡 나의 특징 혹은 나의 고유성이 되었다.

어느 날부터 검은색만 입고 다니고 있는 나를 발견했다. 검은색도 색이다. 2년을 흑백논리로 나만의 색으로 정했다. 한 선배는 장례식 복장이라고 놀렸다. 선배의 말에 기분이 상해 혹시 선배 색맹이냐고 하며 검은색이 아니라고 우기기도 했다. 그래서 다음 날에는 노오란 니트를 입고 외출을 했다. 친구의 권유로 '더 하루 퍼스널 컬러' 구은자 대표의 재능기부로 컬러진단을 받을 기회가 있었다. 나에게 어울리는 컬러는 봄의 따뜻한 파스텔컬러였다. 노오란 피부톤으로 혈색이 없다는 말씀을 해주시며 핑크빛 볼터치를 권했다. 노오란 니트는 내 얼굴빛을 더욱 노랗게 물들였다. 평소 내가 정하는 색으로 마음껏 입었던 옷들을 떠올려 보았다. 나만의 색깔로 내가 정해 입었지만 상대방에게는 기분이 좋은 상태가 피곤해 보일 수 있을 수도 있었을 것이다. 그래도 나는 노오란 색이 좋다.

"나를 다스린다."

나만의 성격을 인정할 때 상대방의 성격도 보인다. 나를 바로 보지 않는다면 아무것도 볼 수 없다. 성격이 좋고 안 좋은 의미는 상대방의 기준에 성격이 맞고 안 맞는 의미가 될 수 있다. 무엇보다 나를 바로 보는 것이 중요하다. 내가 내 눈 가리고 아웅하지 않는다.

나만의 성격이 있다. 때론 성격과 색깔이 비례한다. 때론 패션에 색을 입힌다. 성격이 있어야 나만의 색깔이 있다. 색깔 있는 성격이 좋다. 성격이 색깔과 만나다. 색깔이 가지고 있는 고유성이 나에게도 있다. 내 맘대로 색깔과 성격이 있어 좋다.

나에게 어울리는 색깔처럼 나의 성격을 내가 안다. 자신감 있는 성격이 내 안에 있다. 나의 성격을 비교하지 않는다. 내가 가지고 있는 성격을 한정짓지 않는다. 나의 성격을 인정하는 좋은 날을 기대해도 좋다.

> 존중의 성장은 "HOW"와 같다.
> 어떻게 성장하는지 궁금하다.

외로움을 즐기는 법

　문화산업대학원 한지문화산업과에 지원을 하고 합격날짜를 기다렸다. 대학원 생활이 기대되고 인간관계와 한지를 어떻게 연결해야 하지 깊이 사색해 본다. 신입생 오리엔테이션을 참석하는 자리에는 나이의 무게가 중요하지 않았다. 다만 열정의 무게만큼 새로운 시도와 관계를 위한 트레이닝에 필요한 것들을 찾을 기회가 된다. 노력을 해도 주변인들의 관심의 질문을 받는다.
　"대학원에 다니면 컨설팅에 도움이 되는 거야?"
　언니에 질문에 뭐라고 대답을 해야 할지 고민이 된다. 멍하면서도 사납게 대답을 하고 싶다. '공부하고 싶은 것도 언니한테 허락을 받아야 하는 거야.'라고 쑤욱 말할 뻔했다. 속마음은 벌써 눈물을 뚝뚝 흘리고 있다. 언니는 내가 직장에서 하는 일이 걱정되나 보다. 내가 상사의 눈치를 보며 일을 할까 봐 엄마보다 더 근심이 많다. 언니가 걱정하는 마음이 더 커지기 전에 내가 하는 일에 한정 짓지 않고 새로운 시도를 하고 싶다고 말했다. 트레이닝에 도움이 되는 관계를 위해서 무엇이 필요한지 찾을 기회가 된다.

혼자서 즐길 수 있는 방법은 무엇이 있나요? 낙서, 영화보기, 책 읽기, 음악 감상 등 혼자만의 시간에 하고 싶은 것이 있다. 혼자 놀이에 대해 말해 보면서 색다른 경험을 하고 싶다.

'외로움을 느낄 때는?' 조용히 동네를 걸어 다닌다. 나무도 풀도 바람에 향기 없이 흔들려준다.

'외로울 때 하는 행동이 있나요?' 추억의 사진 보기를 한다. 친구들과 여행에서 가족과 함께 소소하게 찍은 사진을 보면 기분이 좋아 진다.

'사람들과 있을 때 왜 외로울까요?' 내 마음 같지 않다. 결국 지혜롭게 생각을 말로 표현하는 '내가 가장 외로울 때는?' 내가 배려받고 싶을 때 냉정하게 대하는 상황이 쓸쓸하게 외롭다.

스스로 외로움을 즐기는 법을 나열해 본다. 첫 번째 내가 좋아하는 단어를 100개 적어 본다. 자유롭게 나열해서 유사한 단어들을 나누어 배열해 보고 그 중에 10개 단어를 고른다. 선택한 단어에 대한 이유를 적어본다. 두 번째 표정을 그려 본다. 다양하게 그려진 표정을 보면서 현재의 기분 상태를 알아차린다. 세 번째 서점에서 아이쇼핑한다. 관심 있는 장르를 살펴보고 신간과 베스트셀러에 대해 관심을 가진다.

혼자 놀기의 진수는 자격증을 취득해 보기다. 몰입하기에 좋고 누구와 비교하지 않으며 혼자 보내는 시간을 통해 성취감을 느낀다.

내가 하고 있는 혼자 즐기는 법은 골프 연습장에서 골프공을 힘껏 친다. 방향성, 거리, 자세는 신경 쓰지 않는다. 그냥 힘껏 스윙을 하며 땀을 흘리다.

혼자서 하면 좋은 것은 내가 생각하는 것에 대해 곰곰이 떠올려 보는 시간을 갖는다.

'혼자가 좋다'라고 마음이 말한다.

내가 외롭다고 느낄 때는 외로움을 인정한다. 외로움의 기분도 행복만큼이나 소중한 나의 감정이다. 나의 외로움을 내가 외면 한다면 어떻게 나에 대해 이해하기 어렵다. 외로울 때 누구보다 더

솔선수범하며 나의 마음을 둘러보고 살펴본다. 나를 응원해주고 격려해주는 마음이슬기롭게 외로움을 마주하는 용기를 준다.

  초등학생 시절 할머니 무릎에 누워 기와지붕에 떨어지는 빗소리를 듣고 있으면 스르르 잠이 들어 좋았다. 여름에 내리는 소나기가 창문을 두드리면 할머니가 나의 등을 토닥여주는 소리처럼 들린다.

  눈을 감고 과거를 회상하면 두 무릎을 잡고 웅크리고 있는 내가 보인다. 나를 알아차려주고 기억해준 그곳으로 잠시 마음을 이동해 본다. 외로움은 나를 바라보며 생각하는 시간이다. 외로움이 있어 소중한 관계를 알아차리는 나를 본다. 외로움은 나를 알아가는 즐거움과 같다.

> 존중의 성장에 물음표가 생긴다.
> 존중하는 관계가 어렵다면 조용히 스스로의 시간을 갖는다.

'틀리다와 다르다'의 차이

"재미있어?"

늦은 퇴근 후 게임하고 있는 남편에게 물어보며 옷을 갈아입는다. 게임 리모콘을 꾹꾹 누르는 길다란 남편의 손가락이 바쁘다. 취미로 하는 게임에 몰입할 때는 입을 반쯤 벌리다가도 입술을 꽉 다물 때면 나라를 구하는 듯한 각오를 다짐하는 것 같다. 남편의 취미를 한 때 질투하기도 했다. 게임은 재미도 없고 더욱 공유하기는 어려웠다. 게임을 배워보려고 했지만 도통 즐기지 못했다. 취미가 꼭 같아야 상대방을 이해가 되는 건 아니다. 어떤 취미를 좋아하고 즐기는지만 알아도 관심을 가져주고 이해한다. 축구 선수의 게임 캐릭터를 자신의 모습과 이름으로 설정하여 열심히 뛰게 하며 대리만족을 느끼는듯하였다. 속이 터지는 마음으로 "운동장에서 직접 뛰는 게 나겠네!"라고 말했다. 억지소리를 하는 감정에너지 소비보다는 손잡고 같이 산책하자고 하는 게 게임하는 남편의 취미를 존중하는데 도움이 되었을 텐데.

주말이면 친정에서 엄마가 해주신 밥을 먹으러 자주 갔다. 친정 거실에 있는 TV에 남편이 소중히 담아 온 상자에 게임기를 꺼내어 연결을 했다. 아이들처럼 좋아하는 남편의 모습을 부모님이 보시면서 미소를 지으셨다. 낯설기도 한 친정 엄마는 귓속말로 "게임기를 가져 온 거야?" 하며 물어보고 사위 눈치를 보면서 부엌으로 가셨다. 부모님 눈에는 큰 어른이 이해할 수 없는 행동을 하는 것처럼 보이지만 그래도 사위가 좋아하는 것에 대해 눈여겨보셨다. 나는 게임만 한다고 투정을 부리거나 짜증을 내기만 했는데 사위의 개인 취향을 궁금해 하며 '왜 게임을 하는지' 한참을 소파에 앉아서 신기하게 바라보았다.

결혼 생활 15년 만에 게임하는 남편에 대해 덤덤해졌을 것이다. 가끔 게임 캐릭터가 남편을 닮아 오늘도 역시 새로운 캐릭터를 만

들었나 보다 생각을 했다. 알고 보니 기무라 타쿠야의 모습을 캐릭터로 만든 게임이다. 나의 주관적인 생각은 남편과 더 비슷하다. 게임의 캐릭터를 보며 열심히 동경 거리를 헤매고 싸우는 게임을 한참 보았다. 문득 남편이 게임을 하면서 사용설명서를 보고 있었다. 나도 남편을 이해하는 데 도움이 되는 사용설명서가 필요하다고 생각했다. 과거에 연애라는 기간 동안에는 남편을 이해하는데 어떤 가이드라인도 필요 없었다. 결혼하고 부부의 관계에서 내가 남편을 이해하지 못했고 남편도 나를 이해하기는 어려웠다. 남편이 게임을 하는 시간을 개인의 시간으로 존중하니 이마 찌푸리는 상황은 없었다.

가끔 새로운 게임을 하고 있는 남편에게 인물과, 배경음악, 게임의 규칙을 물어보며 관심을 가지고 궁금해 하고 있다. 최근 게임을 모티브로 드라마를 만들어 핫하게 방영했다. 현실에 가상 게임의 콘셉트를 입힌 액티비티한 스토리가 인상적이었다. 게임에 대해 관심이 없는 나에게 드라마로 보여지는 게임은 남편에 대한 나의 감성지식에 새로운 재발견이다. 감정지식으로 드라마에서 배우가 온몸으로 게임을 직접 할 수 있는 가상현실을 보며 게임을 이해하려고 하는 나와 긍정적인 시선으로 게임을 하는 남편을 이해하는 나는 같았다. 지금도 남편의 꾸준한 취미이자 힐링의 도구는 게임이다.

  아빠의 장난감이 두 아들에 장난감과 동일한 날은 생각보다 빨리 왔다. 이젠 세 남자가 새로운 게임을 하고 있는 뒷모습을 본다. 어려웠던 사춘기에 최고의 공감의 도구로 아빠의 게임기를 공유하고 게임 안에서는 의리의 동맹을 맺는다. 단지 예전에 내가 바라보는 시선으로 '틀리다와 다르다'를 이해하는 것은 아니다. 당연한 것에 대한 고민을 혼자하고 있다는 사실이 나를 부끄럽게 한다.

  시간의 흐름만큼 내가 참고 이해 한 것이 아니라 나만의 생각에 줄자의 길이만큼 늘렸다 줄였다를 반복한 것이다. 함부로 나와 다르다고 해서 '틀리다'고 마음먹지 말아야겠다. 나와 가까운 사람이라고 나의 줄자에 올려놓고 결정하는 것은 위험한 '틀리다'를 마음먹는 일이다.

존중의 성장에 관심을 기울여야 한다.
마음이 건강해야 몸을 존중한다. 몸이 건강해야 마음을 존중한다.

깊어지는 오해 구명조끼 입히기

　핸드폰 진동이 울렸다. 전화번호 끝자리가 낯이 익었다. 설마하며 받은 전화는 소식이 없었던 친구의 목소리였다. 친구의 음성이 미세하게 떨렸다.
　"미영아!"
　"응. 오랜만이야."
　"잘 살고 있지?"
　친구는 말을 하면서도 깊은 한 숨을 쉬며 말을 이었다. 무엇인지 말하려고 하면서도 머뭇거리고 말을 다 잇지 못했다. 결혼하고

3년동안 대화를 하면서 남편과 아이에 대해 말하지 않았다. 하고 싶은 말이 있는 것 같아 물어 보고 싶었지만 핸드폰 멀리에 있는 친구의 근심이 느껴졌다. 친구가 아직은 말하고 싶지 않다면 기다려 주기로 했다. 성급하게 아픈 곳을 물어보지 않았다. 하지만 친구에 대해 잘 몰라 도움을 줄 수 있는 골든타임을 놓치지 않으려고 핸들폰의 볼륨을 높였다. 내가 모르는 척하는 게 옳은 결정이 될지 모르겠다. 골든타임은 선박항해용어에서 사고가 발생 시 임명을 구조할 수 있는 시간이다. 혼자 망망대해에서 가라앉고 있지 않기를 바란다. 우리는 몇 년 동안은 카카오톡으로 살아 있는지 생사를 확인했다. 카카오톡 프로필 사진을 보며 근황을 파악하기도 했다. 나는 모습은 지금의 3년 전 사진이었다. 친구의 카카오톡 메인 화면에는 아무것도 없었다. 그저 출근과 퇴근만 하며 일만 하고 생활하고 있을 것이라고 짐작 다시 친구가 전화를 하면 삶의 구명조끼를 택배로 보내주고 싶었다. 마음의 위로가 되는 시와 그림책 그리고 수필집으로 보냈다. 구조요원이 구명조끼를 입는 방법을 안내하듯이 친구의 마음 사이즈에 친절하게 도와준다. 마음의 기분 좋은 긴장감을 있도록 적절하게 글에 대한 공유도 한다. 때론 책들과 함께 햇살 가득한 공원에서 일광욕을 하도록 권한다.

그럼 친구도 책과 함께 따뜻한 부드러움을 느껴보라고 한다. 그리고 나에게도 필요한 삶의 구명조끼를 보내주라고 할 것이다. 친구에 대한 오해는 없다. 오해는 서로의 해석이나 이해가 잘못 알게 되는 경우이지만 나는 친구가 보고 싶다는 오해뿐이다.

무겁게 느껴지는 마음을 두려워하지 않는다. 무엇보다 중요한 것은 친구의 이야기를 듣고 있는 지금이다.

친구와 대화를 하면서 알게 된 점은 존중하며 경청하는 마음이 중요하다. 경청에서 발휘되는 무조건적인 존중은 친구의 보이지 않는 상처다. 존중하며 대화를 시도하는 태도가 겸손하게 경청하는 나를 만들어 주었다.

'친구야! 남의 눈치 보지 마. 내가 있잖아.'

존중의 성장에도 과정이 있다.
들어주는 것만으로도 존중을 의미한다.

알면서 또 상처 준다

"드디어 50kg이야."

살이 쪄 좋아하는 나를 보며 옆에 있는 친구는 어이없는 표정으로 바라보았다.

"너는 살이 찌고 싶지만 나는 정말 살을 빼고 싶다."

하지만 나에게는 볼살이 없는 콤플렉스가 있다. 몸무게가 늘어나면 통통한 볼살이 생길 거라는 기대감으로 좋아 했던 순간이다. 50kg이 되기 위해 3년을 노력했다. 이유는 3년 동안 49kg에서 체중계가 멈춰 움직이지 않았다. 매일매일 살이 찔 수 있도록 꼬박 꼬박 야식을 먹었다. 그리고 자다가 일어나서도 먹었다. 볼록한 볼살을 갖고 싶었다.

  살이 찌고 싶은 마음에 분식집에서 "김밥, 떡볶이, 라면, 순대, 튀김 주세요." 친구와 단 맛있게 먹으려고 주문을 했다. 나는 몇 번 먹고 배가 불러 젓가락을 내려놓았다. 너무 많이 음식을 시켜 걱정했지만 다행히 친구가 맛있게 먹었다. 한편으론 친구에게 미안한 마음도 있었다. '나는 정말 살을 빼고 싶다.'라고 말했던 친구의 말이 떠올랐다.

  "제일 작은 사이즈 주세요." 건네준 청바지를 입었다. 지퍼가 겨우 올라갔다. 허리 부분이 꽉 껴 걷기가 불편했다. 직원에게 "더 큰 사이즈 주세요!"라고 말했다.

  "찌는 건 쉬워도 빼는 건 어렵다. 내가 그래서 365일 다이어트 하잖아."

  친구의 말에 그 어려운 다이어트를 시작했다.

  올바르지 못한 살찌우기는 나와 함께 생활하는 사람들에게 불필요한 살을 찌우게 했다. 50kg만 되면 볼살이 예쁘게 생길 것 같았지만 볼살이 생기기 전에 쉽게 늘어나는 체중을 느낄 수 있었다. 체중이 늘어 날 때는 더운 여름날 얼음이 녹는 속도와 같았다.

다이어트를 위해 하루 만 보 걷기를 한다. 그런데 운전을 하며 이동하는 시간이 많아져 만 보를 채우지 못하는 날도 있다. 그럴 때면 집에 들어가기 전 만 보를 채웠다. 또 하나 아이디어는 모래주머니를 발목에 착용하고 걸었다. 처음에는 누군가가 무겁게 발목을 잡고 있는 것 같았지만 수시로 착용하니 다리에 힘을 키우는 데 도움이 된다. 아직은 진행 중이다.

"살찌겠다."

함께 있는 선배가 무심코 던진 말에 나와 눈이 마주친 친구의 동공에 지진이 났다. 스터디 끝나고 먹는 생크림 조각케이크를 포크로 한 입 크게 먹는 순간이다. 달콤한 생크림의 맛을 느끼지도 못하고 의자에서 일어나 밖으로 나갔다. 선배는 친구가 왜 나갔는지도 모르고 케이크를 먹고 있었다.

선배의 걱정이 친구에게 상처를 줬다. 친구는 선배의 걱정에 상처를 받았다. 친구의 상처를 눈치채지 못한 선배는 상처주면서 또 상처를 줬다.

남편은 초등학교 3학년 때 엄마가 학교에 오셨는데 피했다는 이야기를 해줬다. 엄마를 왜 피했는지 궁금해서 물어보았다. 남편은 엄마가 너무 뚱뚱해서 친구들한테 보여드리기 창피했다고 했다.

어릴 때 기억이지만 엄마의 뚱뚱하신 모습이 싫었다고 했던 남편의 표정이 잊히지 않는다.

남편은 아침에 일어나면 체중계에 올라가는 습관이 있다. 아마도 엄마에 대한 상처주는지 알면서 또 상처 주었던 경험일 수도 있다. 뚱뚱한 모습에 대한 보이지 않는 상처를 남자친구는 잠재의식적으로 받고 싶어 하지 않는 듯 보였다.

다이어트에 관심이 높아져 여러 가지 방법을 찾아보았다. 우연히 스포츠 경향을 보는데 간헐적 단식이 눈에 들어왔다. 마음껏 음식을 먹지만 지켜야 하는 시간이 있다. 16시간 단식 후 8시간 안에 식사를 하는 점이다. 신체에 밸런스를 맞춰주는 이유를 읽어보면서 건강을 위한 단식의 시간처럼 우리도 상처주지 않는 관계의 시간을 스스로가 정해본다.

> 존중의 성장에 상처가 있다.
> 상처가 나를 더 단단하게 하다.

잔소리는 넣어둬

"살을 빼고 싶어. 정장도 입고 싶고."
고민을 이야기한다.
"밤마다 야식을 먹고 운동도 안 하는데 살이 빠지겠어?"
순간 정말 쥐구멍이라도 들어가고 싶다. 다이어트를 하려고 노력을 하지만 살을 빼는 것이 쉽지 않다는 것을 알면서 말의 비수를 쉽게 던진다.

잔소리를 하고 싶다면 상대방이 정말 원하는 말을 생각해 본다.

가까운 친구에게 더 마음 배려한다.

자주 듣는 고민도 돌다리 두드리듯 살펴본다.

긍정적인 잔소리와 인정하는 잔소리를 한다. 사물을 관찰하듯 구석구석 위 아래 뒤를 샅샅이 살펴본다.

내가 던지는 한마디의 잔소리에 상대방의 마음은 피멍이 든다.

잔소리에도 리더십을 키우는 힘이 있다. 잔소리를 들으며 살아남아야 하는 순간에 서바이벌 리더십을 발휘 한다. 언제 어디에서 튀어 나올지 모르는 잔소리를 방어 태세로 긴장을 한다. 내가 잔소리를 방심하는 동안 쓰러지면 안 되기 때문이다.

지나친 잔소리는 나의 자존감을 누르기도 한다. 그럴 때마다 내가 스스로 지켜야만 하는 순간에 깔아 뭉개지지 않는 리더십이 불숙 튀어 나온다.

잔소리의 특징은 한말 또 하고 반복하는 특징이 있다. 반복적인 잔소리를 이겨내는 스트레스 리더십이 나를 도와준다. 나는 나의 길을 가련다. 잔소리 스트레스야.

잔소리보다 무서운 희망고문에 대하여 희망고문 리더십을 장착해야 한다. 내가 원하는 곳에 희망부스러기를 놓아서 주어 가도록 하는 희망 고문의 유혹을 뿌리쳐야 한다.

내가 듣기 싫은 잔소리는 너에게도 하지 않아야 한다.

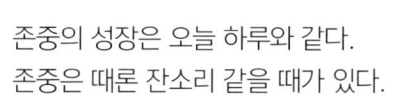

존중의 성장은 오늘 하루와 같다.
존중은 때론 잔소리 같을 때가 있다.

인간관계 요요가 더 어렵다

다이어트를 반복적으로 하는 사람들이 있다. 다이어트를 하는 우리 주변의 사람들을 보면 직업적으로 혹은 건강상의 이유보다는 다른 사람들에게 보여주기 위해서 하는 경향이 많다. 방송을 보며 '연애인들이 좋다고 하니까 나도 다이어트를 한다.' 하는 경우도 있다. 설령 다이어트를 시작해도 말로 계획하고 다음날 다시 시작하는 다이어트를 한다. 365일 선포식만 하는 다이어트일 수 있다. 하지만 나에 건강상태와 맞는 건강한 다이어트를 한다면 적어도 내가 가장 적게 나간 몸무게로 돌아 갈 수 있다. 하지만 몸은 예전 체중으로 돌아가려고 하는 성질이 있으므로 요요 현상의 예방이 필요하다. 요요 현상이 무서워서 다이어트를 안 할 수는 없다.

요요 현상(Yo-yo effect)은 다이어트를 하는 사람이 처음에 성공적으로 체중 감량에 성공하지만, 그 이후 다시 체중이 증가해 원래대로 돌아가는 현상을 말한다. 요요 다이어트(Yo-yo dieting), 또는 웨이트 사이클링(weight cycling)이라고도 하며, 예일 대학교 철학박사 켈리D.브라우넬이 처음 만들어낸 단어로, 요요가 위 아래로 계속 왔다 갔다 하는 것에서 유래한 단어이다. 야식으로 자주 먹는 야식 라면 한 개는 500kcal이다. 라면을 소화시키기 위해서는 2시간 10분을 걷거나 50분을 빠르게 뛰어야 한다. 무엇보다 먹는 걸 줄여야 한다는 것이다.

후배가 다이어트 앱 코치의 도움을 받으면서 오늘 먹은 식단을 사진 찍어 올린다. 수시로 항상 무엇을 먹는지 감시를 받는 것 같다고 한다. 전문 트레이너의 도움을 받으면 좋을 것 같았지만 스스로에게 정직하게 다이어트를 하고 있다. 자신이 정한 체중감량의 목표로 다이어트를 할 수 있다고 나를 믿어주는 하나가 중요하다. 후배가 하루를 음식을 절제하며 건강한 다이어트를 하는 모습은 요요 현상을 두려워하지 않는 '내가 맞아.'라고 다이어트를 이겨낸 모습이었다.

고등학교 시절 기말고사가 끝나 여유로운 주말이다. 엄마가 김밥을 드시고 싶다고 해서 나는 처음으로 김밥을 만들었다. 서툰 솜씨로 김밥을 말아 보는데 밥들이 까만 김 사이로 삐져나왔다. 단무지, 계란, 야채, 햄을 나란히 줄을 세우듯 반듯하게 밥 위에 올려놓았다. 김밥 열 줄 중에 여섯 줄은 나의 맘도 몰라주고 여기저기 옆구리들이 터졌다. 분식집에서 한 줄 사서 먹으면 되는데 낑낑거리며 김밥을 만들었다. 다행히 엄마는 터진 김밥이 더 맛있고 딸이 만들어 준 김밥이라서 더 맛있다고 했다. 내가 싼 김밥을 나도 한 번 먹어 봤다. 분식집 재료와 비슷해서인지 나는 김밥 맛이 엄마가 말씀하신 것처럼 아주 맛있지는 않았다.

남동생이 다니고 있는 회사에 사표를 내고 대학원에 진학을 한다고 상의를 했다. 전공을 더 공부하고 싶은 남동생을 적극적으로 지원을 했다. 하지만 여동생들은 부모님도 노후를 준비하시고 육체적인 노동을 줄이셔야 하는 것에 대해 말하며 남동생이 대학원에 가는 것을 보류하길 바랐다. 우리의 가족 관계에서도 서로를 믿어주는 무조건적인 마음이 있다. 부모와 자식 간의 관계, 남매와의 관계, 자매와의 관계 안에서도 모두 이해할 수는 없다. 마음이 삐걱거리고 이해할 수 없는 부분도 있다. 행복한 가족 사이에서도 요요가 올라갔다가 내려갔다 하는 것처럼 관계가 어려워지기도 한다. 남동생은 부모님께 학비 부담을 주지 않기 위해 낮에는 학교에서 조교로 밤에는 아르바이트를 했다. 부모님을 걱정하는 여동생들의 마음에도 스스로를 믿는 마음이 있었다. 자신의 삶을 책임질 수 있다고 남동생은 스스로 '네가 맞아.'라고 믿었다.

매일 반복하는 다이어트는 관심이다. 그리고 요요를 위해 장기적으로 건강한 몸무게를 유지 관리하는 자신을 믿는 것이다. 함께 살고 가까운 가족도 때론 서툰 김밥처럼 무조건 '내 편이라는 마음'으로 서로를 믿어주고 스스로를 믿는다.

체중 조절을 위해 무리하게 굶게 되면 우리 몸에서 에너지가 부족하다는 것을 느끼게 되고 에너지가 고갈되지 않게 하기 위해 기초대사량을 줄여나간다. 따라서 에너지 소모가 활발하게 이루어지지 않아, 장기적으로 보면 오히려 다이어트에 역효과를 주게 된다. 이보다는 꾸준한 운동을 통해 근육량을 증가시켜 기초대사량을 높이는 것이 도움이 된다.

인간관계에서 누구보다도 나 자신의 결심을 실행하는 게 중요하다. 곧 나와의 관계를 존중하며 생활하는 또한 규칙적이어야 한다. 인간관계를 하면서 다이어트처럼 요요가 있듯이 나와의 관계에도 존중이 없으면 요요가 있게 마련이다. 나와의 약속 또한 존중해주고 긍정적인 응원의 메시지가 필요하다.

나 자신을 믿어준다. 내가 맞다.

> 존중의 성장에 애쓰지 않는다.
> 존중 또한 부작용이 있다.

선물 상자가 감사는 아니다

'마음이 배달되었습니다.'

상자 안에 감사 상자 안에 감사 상자 안에 또 하나의 감사를 열어 본다. 포장 안에 쌓여있는 진정한 감사를 느낄 수 있다면 감사의 마음이 잘 배달되었다. 감사를 전하는 마음이 보이거나느껴진다면 공감하는 마음이 끈끈하기 때문이다. 시시때때로 전하는 감사가 선물 상자가 되어 두 손 위에 있다. 선물 상자를 받으면 기대감에 무척 기분이 좋아지는 행복한 기분을 느낄 수 있다. 모든 선물이 기쁨과 설레임이 가득하지는 않다.

택배 상자만 보아도 좋아하는 친구가 있다. 자신에게 주는 선물 상자라고 했다. 쇼핑몰에서 주문한 상자가 다섯 개 높게 쌓여 깜짝 놀라 주소를 맞게 배송이 되었는지 여러 번 확인하는 에피소드도 있었다. 자신을 위해 선물을 전하는 감사이벤트로 건강한 마음에 표현이다.

제우스는 판도라에게 모든 죄악과 재앙을 담은 상자를 인간 세상에 내려 보내면서 열어보지 않도록 명령했다. 하지만 호기심 많은 판도라는 상자 열었고 그 안에는 있던 모든 재앙과 불행이 빠져나와 황급히 닫으면서 '희망'만 남아있게 되었다. 판도라의 상자는 호기심으로 인해 생긴 잘못된 일이나 해서는 안 될 일을 의미한다. 판도라는 상자를 열지 말았어야하는데 궁금한 나머지 열고 말았다. 내가 열지 말아야 했던 상자는 어떤 것일까? 내 마음의 욕심상자를 열었을 때였다. 사람들과 함께하는 여러 곳의 모임에 참석하면서 모두에게 좋은 사람이 되려고 했다. 좋은 관계에 욕심내는 상자를 열면서 모두에게 좋은 사람이 된다는 것은 진정한 감사를 실천하기 어려웠다. 관계의 희망이 되기 위해서는 많은 관계보다는 욕심을 버리고 진정한 감사를 나누는 마음의 상자를 키워 나아가야 했다. 욕심이 없는 감사는 자신감을 높여주고 나의 관계에 도움이 되었다.

마음의 선물 상자 크기는 다양하다. 내가 주는 마음의 선물이 크면 상대의 선물을 받을 마음의 공간이 작아 부담스럽게 느낀다, 또는 내가 주는 마음의 선물 상자가 작으면 상대방의 선물을 받을 마음의 공간이 커 부족하거나 서운한 마음이 든다.

식사를 하던 왕은 신하에게 궁궐에서 먹는 배추절임이 성 밖에서 먹었던 배추절임의 맛과 다른지 물었다. 성 밖의 배추에는 퇴비를 사용하여 맛이 다르다고 말이 끝나자 절임배추 접시를 내밀며 퇴비를 듬뿍 뿌리라고 명령을 했다.

퇴비의 진정한 마음은 배추에게 전달되어서 맛의 감사한 맛이 났다. 자연에서 주는 바람, 비, 햇빛, 구름, 이슬이 주는 감사도 담겨져 있다. 자연이 주는 선물 상자를 배추절임에 담아주었다. 하지만 왕은 상자만 열었을 뿐 자연이 주는 선물의 감사는 알지 못했다. 맛이 좋은 절임배추만 알고 퇴비에 대해서도 퇴비가 어떤 감사의 선물을 주는지 전혀 모른다. 왕이 모르는 퇴비의 선물 상자는 감사가 아니다. 모르는 선물 모르는 감사에 불과하다.

선물 상자에 많은 감사를 꾸역꾸역 담는다고 해서 감사의 의미가 잘 전달되지 않는다. 내가 전하고자 하는 감사가 소박해도 좋다. 선물 상자에 대한 기대감이 높고 낮은 수치로 측정 되는 객관적이기 보다는 주관적이기 때문이다. 나를 위한 선물이 내가 주는 선물이 되어 돌아온다면 그 또한 진정한 첫 번째 감사라고 생각한다. 위험한 선물 상자를 품에 안고 불안해하지 않고 희망이 담긴 선물 상자를 여는 기쁨을 갖도록 해야 한다. 따뜻한 마음이 담긴 선물 상자는 진정한 마음을 갖고 있는 사람에게만 열리는 감사열쇠가 있다.

감사를 알지 못하고 선물 상자를 열기만 한다면 무슨 소용일까? 선한 마음을 가지고 선물 상자를 열어야 한다.

> 존중의 성장에 마음을 전한다.
> "감사해요." 표현하는 내가 좋다.

흔들릴 때마다 아부하지 않는다

유치원 다섯 살에 기억이다. 아빠가 조용히 나를 자전거 뒤에 태우고 페달을 밟으신다.

"요구르트 먹으러 가자."

자전거에서 떨어질까봐 아빠의 허리를 꽉 잡았다. 울퉁불퉁한 시골길을 달리면 돌멩이를 지나갈 때면 엉덩이가 아팠다. 요구르트를 먹으러 가는 장소는 다방이었다. 요즘은 다방보다는 커피숍이 많다. 아빠는 커피를 마시고 나는 요구르트를 마셨다. 요구르트가 입안에서는 달달하게 꿀꺽 삼킬 때는 시원한 맛이다. 자전거를 타고 다시 집에 돌아오는 길에는 쌀쌀해진 날씨 때문인지 모르겠지만 더욱 아빠의 허리를 꽉 잡고 자전거를 탔다. 엄마한테는 아빠와 어디에 다녀왔는지 말하지 않았다. 왠지 아빠하고만의 비밀을 지켜야 할 것 같았다.

　인간 발달에 대해 이론적인 내용을 어린 시절과 관련지어 보았다. 아빠와의 경험을 엄마에게 이야기하지 않았던 것은 프로이트의 정신분석학에서 제시한 엘렉트라 콤플렉스를 생각하게 했다. 아빠와의 사소한 비밀이 5살 나에게는 특별했나 보다. 아빠와 함께 요구르트를 마셨던 꼬맹이는 소녀에서 아가씨 그리고 '아줌마'가 되었다. 지금도 요구르트를 보면 껌 딱지처럼 아빠 등에 붙어 자전거를 타고 다방에 갔던 기억이 떠오른다. 나에게 야구르트는 사유의 기억이었다. 요즘은 다방보다는 커피숍이 많다. 다방은 어린 시절의 특별한 추억이 되었다.
　오늘 엄마에게 '야구르트' 이야기를 하고 싶다.

　아재톡을 한다는 건 시대에 동떨어진 억지웃음을 주려고 하는 아저씨의 이야기를 줄임말이다.

"라떼는 말야."라고 말을 던지는 순간 듣고 싶지 않는다.

세 명이상 만나는 자리에서 "내 말 좀 들어봐." 하며 누군가의 말을 무섭게 본인의 말만 끝없이 한다. 상대방들이 어떻게 듣는지, 듣기 싫어하는지는 안중에도 없다.

헛웃음만 나온다. 기분을 맞추려는 사람들은 들을 때마다 고개를 끄덕인다. 나는 무표정이다. 한편으로 아재톡에 기분을 맞추려고 호응하는 사람이 있다. 재미있어서 웃는 걸까? 아부하고 싶은 걸까? 반복되는 아재톡에 분위기를 맞추려고 웃어야 할까? 고민하지 않는다.

타인을 의식하기보다는 아재톡을 통해서 나를 위한 존중이 무엇인지 생각했다. 아재톡에 호응해주는 타이밍에 흔들리는 나와 타협하지 않는다.

희망고문에 흔들리는 순간에도 나는 나를 존중한다.

> 존중의 성장에도 성장판이 있다.
> 조건이 붙는 존중은 바르게 성장하지 못한다.

성격 좋은 사람이 아프다

　새로운 직장으로 옮긴 선배는 요즘 새벽에 울리는 카카오톡 소리에 잠을 설친다고 한다. 상사가 보낸 카카오톡 때문이다. 카카오톡 내용은 '마케팅은 고객을 행복하게 하는 것이고 마케팅은 누구나 알아야 할 삶의 교양이고 마케팅은 결코 어렵지 않다. 그리고 마케팅은 삶이다.'이라고 했다.
　열정적인 상사와 일한다고 짧게 말했지만 선배의 얼굴은 어두웠다.
　몇 달 만에 연락한 선배는 평일에 교육을 받아야 해서 주말에 일을 하게 되어 무척 바빴다고 했다. 평일에 교육을 받게 되어 주말에는 마케팅을 해야 한다는 상사의 제안을 거절 못하고 일해서인지 얼굴이 수척해보였다.

격양된목소리의 선배 전화를 받았다.
"진짜 너무 한 거 아니야!"
이번엔 밤 11시 45분에 상사가 카카오톡이 보냈다고 한다. 선배는 어린이날과 어버이날을 가족과 함께 주말을 보내기 위해 친정부모님 댁에 갔던 밤에 상사가 보낸 카카오톡을 말해주었다.
"출판기념회에 출석해도 좋을 듯해요. 늦게 미안해요. 갑자기 생각이 나서. 내일 통화 한 번 하시게요."
선배는 모처럼 친정부모님과 아침을 준비해서 함께 먹으려고 했던 주말을 뒤로하고 토요일 아침 6시 35분에 출판기념회에 참석을 했다고 한다. 상사의 카카오톡에 거절하지 못했다고 한다.

필요할 때만 찾더라.
말투에 문제는 인격도 점검해야 한다.
말투는 입모양과 같더라.

예쁘다고 마음이 고운 건 아니더라.
참으면 참을수록 만만하게 보더라.
너를 위해 내 성격까지 바꿨다.
좋은 관계가 계속되기는 어렵더라.

하지만
속도 없이 너에게 좋은 사람이 되기로 했다.

> 존중의 성장에 차별은 없다.
> 성격이 나쁘더라도 존중받을 수 있다.

인간관계 좋은 게 좋은 게 아니다

심미적 거리를 배우다.

"새로운 직장 잘 적응하고 있어? 사람들과 관계는 어때?"
"일은 차차 알아가면서 배우고 있어요. 많은 분들은 만나 보려고 해요."
"당분간 글쓰기 보다는 일에 집중하면 좋을 거야."
"그러니까요."
선배는 일과 사적인 글쓰기까지 선을 그어 주었다. 섭섭하면서도 어떻게 대답을 해야 할지 망설여졌다. 긍정도 부정도 하기 어려운 상황이 생기면 그렇게 '그러니까요.'가 입안에 툭 튀어 나와 말했다. 글쓰기의 전문 작가도 아닌 내가 글을 쓰지 않는다고 크게 달라지지는 않을 거라 생각했다. 마음 한구석은 아팠다. 하지 않는 것과 하지 말라고 하는 것이 그 날은 크게 다르게 느껴졌다.

내가 글을 써야 했던 이유도 잊혀졌다. 빠르게 보낸 2년 동안 일에 집중했다. 하지만 다시 시작했다. 글을 쓰는 건 나와 순수한 약속이었다. 포기하는 건 나와 어울리지 않았다.

"지금 글 쓰는 것보다 일에 집중해야 해야 하지 않아?"

"일은 낮에 하고 글은 밤에 쓰는데요, 선배."

2년 전에 선배가 했던 말을 다시 들었다. 나는 왜 선배의 말을 듣고 생각도 의지도 멈추었는지 바보다. 내가 하는 일에 대해 도움이 된다고 말을 해준 것일까? 좋은 이유가 아니라면 거절해야 했다. 선한 배려도 악이 되기 때문이다.

너무 가까이도 그렇다고 너무 멀리하기에도 어려운 인간관계, 장미꽃의 향기를 맡으려면 가시사이로 피어난 장미꽃에 가깝게 다가가야 한다. 마음에 달린 가시가 말이 되어 상대를 찌르면 가까워지기는 인간의 마음에 가시를 주고받는다. 보이지 않는 상처가 좋은 게 좋은 게 아니다. 거리를 두는 마음의 인간관계를 하며 심미적 거리를 배운다.

　너무 가까이도, 그렇다고 너무 멀리 떨어져 있기도 어려운 인간관계, 고슴도치가 가까워지려 하면, 자신에게 달린 가시들로 그 상대를 다치게 해 누구와도 가까워 질 수 없는 상태를 인간의 마음 상태에 비유한 고슴도치 딜레마를 말한다.

　나의 상사는 자동차가 없다. 동행해서 일을 할 때는 내가 운전하는 자동차로 이동을 한다. 찾아가는 장소를 내비게이션에 의지해서 운전을 한다. 하루는 내비게이션에 설정을 하지 않고 운전을 하는데 헤메이는 나에게 한마디를 했다.
"미리 내비게이션에 주소를 입력해야지."

　인간관계 좋은 게 좋은 게 아니다.
　단호함이 필요하다.
　양보가 미덕이 아니다
　선한 배려도 악이 될 수 있다

인간관계에서 우유부단은 독이다

존중의 성장에 심미적 거리가 있다.
길을 찾아가듯 어떻게 존중하는지 찾아간다.

가을의
사적인
위대함

향기에 취하는 노란 은행 열매
지나가며 밟으면
그곳에 노오란빛 향이 가득하다.

사람과 사람도 향기 또한 닮아진다.

걸음걸음

바스락거리는 소리는

발에 붙은 심장을 깨운다.

낙엽이 떨어지는 가벼움은
새싹을 기다리는 삶의 기대감의 기대감이다.

가을나무는 나뭇잎 하나가 있다.
나뭇잎이 없어 가을 나무였다.

가을나무의 품격은 나이테 한 줄.

PART 4.

자존감 지키면서
만만해 보이지 않는 나를 만나는 방법

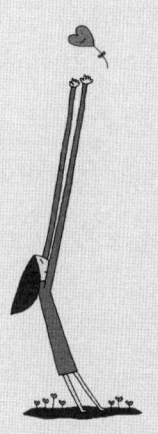

힘들면 스트레스 극복하면 스트랭스

"제복을 입는 순간 스트레스는 잠시 사물함에 넣어두고 문을 잠근다."

덜컹거리는 사물함을 열고 제복으로 갈아입는다. 오늘도 연회장 행사에 참석하는 인원은 300명이다. 포크, 나이프, 숟가락, 접시, 컵, 묵직한 의자, 무거운 테이블 등 개수가 많다. 많다.

제주신라호텔에서 실습을 한 달하고 보름일의 일정을 위해 준비했다. 장기적으로 집을 떠나 보는 건 처음이다. 잘할 수 있을까? 걱정보다는 새로운 환경에서의 생활이 기다려진다. 제주공항을 처음 고등학교 수학여행으로 왔을 때와 많이 다르지 않다. 힘차게 큰 숨을 들이켜 본다. 택시를 타고 제주 신라호텔 기숙사에 도착하자마자 짐을 내리고 실습학생들과 모여 신라호텔로 이동을 한다. 호텔에 도착하자마자 실습 스케줄과 안내되는 내용을 들으니 45일을 잘 지낼 수 있을지 걱정이 된다. 하루가 길다.

실습 룸메이트와 밤새 수다를 떨다 잠이 들어서이지 아침이 무척 피곤하다. 유니폼을 입고 첫 실습을 하려니 설레면서 긴장도 된다. 내가 실습하고 싶은 부서는 연회장이다. 많은 사람들과 교류를 할 수 있는 장점이 있어 신청했다. 단점은 커다란 연회장에서 마음은 열심히 뛰지만 몸은 여유가 있어 보여야 한다.

하루 이틀 삼일이 지나니 락커룸 앞에 서서 옷을 갈아입기도 힘들다. 300명이 참석하는 연회장 행사를 진행하는 동안에 코스별로 먹은 접시는 마법을 부리듯 자판기처럼 계속 토하고 있다. 행사가 마무리 되어 무거운 의자를 나를 때쯤에는 발가락이 부어 물집이 생겨 따갑다. 300명과 함께 하는 행사는 나에게는 전쟁이다. 기숙사에 돌아오는 셔틀 버스 안에서는 창문을 부딪치며 꾸벅꾸벅 존다. 저녁보다 잠이 더 고팠다. 침대에 쓰러져 잠이 든다. 잠을 자고 일어나 보니 밤11시 50분 룸메이트는 보이지 않는다. 기숙사 주면을 고양이가 살피듯 조용히 복도를 걸어 본다. 깜깜한 공기 사이로 나를 부르는 소리가 들려 기숙사 현관으로 가보니 사감이 문을 잠그려고 한다. 실습동기들은 깜깜한 밤을 찢는 듯 나의 이름을 크게 부르며 현관을 향해 버팔로처럼 돌진한다. 순간 사감의 팔을 잡고 실습동기들이 현관까지 올 수 있도록 부탁드렸다. 통금 시간을 지키기 위해 그 밤을 열심히 뛰었다고 한다. 그날부터 매일 밤 동기들은 어김없이 밤11시 55분이면 나의 이름을 부르며 현관문을 향해 전력질주를 한다.

시끌시끌하게 밤을 즐기지 못하는 나.

기숙사 주변에 바다는 없는데 오늘따라 뜨거운 바닷바람과 함께 짠 바다 냄새가 나의 이마를 찌푸리게 한다. 집에 가고 싶다. 실습이 2주 남았다. 공항으로 갈까? 비행기 티켓은 2주 후에 받을 수 있다. 한 번 더 집에 가고 싶은 마음을 다잡는다. 이제부터 시작이다.

유니폼을 입고 오늘도 스트레스와 함께 출근을 한다. 스트레스를 포기할 수 없다. 스트레스를 알아차리기도 하고 모르는 척하기도 한다. 스트레스에도 존중이 필요하다. 내 안의 스트레스를 거부하기보다는 좋아해질 수 있는 가치를 찾는다. 스트레스를 정신 바짝 차리는 긴장감으로 바꾼다. 내가 이루고자하는 뿌듯하게 이룬 성취감에서 스트레스를 찾는다. 스트레스는 단지 스트레스일 뿐이다. 무조건 스트레스를 좋아할 수는 없다. 하지만 무조건 싫어할 수도 없다. 밝은 낮과 어두운 밤이 있듯이 내가 느끼는 스트레스는 나의 한 부분이다. 스트레스를 느끼지 못하면 나의 한 부분을 알 수 없다. 스트레스를 선택할 수 있는 기회는 나에게 있다. 힘들면 스트레스 극복하면 스트랭스다.

〈제주도 푸른 밤〉 노래를 들으며 나는 오늘도 흥얼거린다. 내가 있었던 제주도는 락커룸 안에 스트레스를 넣어두고 담담한 하루를 보낸 경험이 지금도 함께 하는 삶에 스트랭스가 된다.

사회생활을 하는 초년생때 긴장하는 스트레스를 가장 많이 경험했다고 생각한다. 월급을 받았던 초년생의 경험이 존중의 기초가 되었다. 스트레스를 스트랭스로 전환시키는 긍정적인 존중스위치가 필요하다. 어려운 상황에 무엇보다 반사적으로 최악의 상황을 파악한다. 나를 존중하며 무엇을 해결해야하는지 준비한다. 스트레스를 개선하기 위해 '나' 존중하기를 노력한다.

> 존중의 열매는 어떻게 익어 갈까?
> 스트레스를 스트랭스로 이겨낸 순간순간마다.

따라쟁이 되지 않기

　요즘 호응이 높은 강의는 역시 '유튜브' 동영상이다. 유행하듯 너도나도 유튜브에 동영상을 올린다. 정보의 홍수가 되기에는 아직도 부족하다. 우주적인 공간의 활용을 위해 나도 발을 걸친다. 화면 울렁증에 나도 모르게 네모난 정지 버튼을 누르고 용기 내어 옆으로 누운 세모 버튼을 누른다. 어렵다.

　유튜브를 통해 공부도하고 취미 생활도 하지만 개성 없는 따라쟁이가 되어 가고 있다. '이거 어디에서 샀어?, 무슨 책이야? 나도 같고 싶다.'라고 한다. 대학원 선후배들과 중국 샤먼에 여행을

갔었다. 여행 중 관광특산물을 사기 위해 거리를 걷고 있었는데 진주조개에서 진주를 꺼내는 광경을 보았다. 조갯살을 꾸욱 누르니 분홍빛, 크림빛 진주가 보였다. 같은 조개에서도 크기와 빛깔이 다른 진주들이 있었다. 가공된 진주목걸이, 귀걸이, 반지 등의 액세서리만 보았는데 진주조개에서 발견한 진주를 보며 각기 다른 빛깔로 보여 지는 특별함이 있었다. 조개 속에서 돌이 아닌 반짝이는 진주가 되기 위해 외부에서 침입한 물질로부터 방어하기 위해 분비되는 과정을 반복하며 만들어진다. 똑같은 진주는 단 한 개도 없었다. 우리 눈에 보이는 진주는 가공을 해서 같아 보일 뿐이다.

초원을 뛰는 버팔로가 무리를 지어 뛴다고 나도 마냥 뛰고 있는지 생각해 본다.

나를 변화시키는데 힘이 된다면 어떻게 할 것인가? 변화에도 어떤 관점에서 긍정적으로 적용 할 것인지 생각해 본다. 타인의 변화만을 따라한다고 내가 변화 되는 것은 아니다.
현명한 지혜를 얻고자 공부를 하고 책을 읽으며 경험을 통해 삶을 알아간다. 하지만 정작 일상적인 생활과 일터에서 따라쟁이 삶을 살아가고 있다. 따라쟁이는 따라쟁이를 낳고 또 따라쟁이가 된다. 복사기처럼 따라쟁이를 알리며 살고 있지는 않은가? 강요한 적은 없는가?

내가 생각했던 방법론 해결책이 휴지통에 던져져도 따라쟁이가 아닌 나를 존중하는 성깔 있는 주도쟁이로 지금을 살아 간다.

성깔이 나를 변화시키고자 하는 방향이 존중의 힘이 된다.

존중의 열매를 위한 변화를 마주하다.
존중을 따라하면 또 하나의 존중이 된다. 존중도 닮아간다.

그냥 '좋아요' 누르지마

페이스북 친구 1000명이 넘고 싶어 열심히 '좋아요' 버튼을 누르며 손품을 팔았다. 950명이 되었던 어느 날에도 무의식의 버튼 누르기를 계속했다. 친구 늘리기 욕심으로 사진의 내용도 보지 않고 누른 '좋아요'의 내용은 힘들고 귀찮은 일상을 나열한 글이었다. '좋아요' 버튼을 취소하고 응원하는 짧은 글을 남겼다. SNS의 글을 읽으면 언제나 행복하고 좋은 일들만 나열하여 어떤 이는 "나만 불행한 것 같아." 하며 한탄의 목소리로 중얼거리기도 한다. 모든 글이 행복하지만은 않음을 알고 좀 더 관심을 가지고 글을 읽

고 글을 읽지 않았을 때는 쉽사리 '좋아요' 버튼을 누르지 않는다. 사람들의 이야기에 내가 필요해서 관심을 가지고 버튼을 누르며 문을 열고 들어갔다면 관심을 가지는 책임 혹은 의무도 필요하다.

그렇게 관심을 가지면 좋다. 오늘은 '놀러갔구나!' 단순한 생각이 아니라 고민이 있어 바다를 보러 갔을 수도 있다. 공감하며 '좋아요'를 눌러 준다. 인정하며 '좋아요'를 누르고 댓글을 적어본다. 스티커는 마음을 축약하는 글이다. '좋아요'를 누르고 글 한 번 다시 읽는다. 관심이 없는데 '좋아요'를 수없이 누른다면 의미가 있을까요? '좋아요'와 '이모티콘'의 활용법은 논리적이지는 않지만 마음을 전하는 '시'가 되기도 한다.

생각을 나누는 사람이 있다. 나누는 생각에 욕심을 부리는 사람이 있다. 쉽게 나누려는 사람들 쉽게 얻으려고 하는 사람들 사이에서 서로 노력하며 존중을 하면서 살려고 하는 사람들이 있다.

새롭게 얻어지는 존중의 지혜가 있다면 누구의 것일까? 생각의 지혜를 통해 반복적으로 존중하면서 우리가 노력해야 하는 존중의 행동력이 필요하다. 내가 얻고자 하는 것이 있다면 지금부터 존중하며 공유하는 생각의 창을 넓혀 본다.

존중의 열매가 씨앗을 품다.
"괜찮나요?"라고 물어봐주는 확인에 존중이 있다.

예의는 내가 먼저 지킨다
(동네 커피숍이 뜬다 나도 뜬다)

편한 장소를 찾아 내가 읽고 싶은 책을 에코백에 빵빵하게 담았다. 노트북은 필수조건이다. 커피 향 가득한 곳을 찾아 갈 생각만 해도 나의 후각은 춤을 추는 듯하다. 안행로 N커피숍의 문을 연 순간 딸랑거리는 종소리가 나의 등장을 알려 준다.

"안녕하세요?"

"3시간 이상 머무르실 때마다 커피 주문을 해주셔야 해요. 손님 오기 전 세 명의 학생에게도 별***로 가라고 했어요."

"네."

나는 짧게 대답하고 곧바로 N커피숍을 나왔다. 비가 내리는 거리를 걸으며 후회가 되었다.

'3시간마다 커피 주문할게요. 3시간만 있을게요.'라고 말하지 못한 내가 답답했다. 사실 나는 어제도 이곳에 왔었다. 6시간을 머물면서 책을 읽었다. 그 사이 두 잔의 커피와 빵을 눈치껏 주문했다. 나름대로 손님으로서 예의를 지켰다. 하지만 주인은 나를 기억하지 못했다.

3시간마다 커피를 주문해야 하는 것은 자릿값이 아닌가 생각되었다. 주인의 경영방식이 손해를 보지 않겠다는 마음이겠지만 들어오는 손님에게 무조건 대놓고 말을 하는 건 주인으로서 손님의 대한 예의가 아니다.

'자릿값'을 떠올리니 오사카에 2박3일 연수를 다녀온 기억이 난다. 숙소 주변의 술집으로 동료들과 시원한 생맥주 한 잔 마시러 갔을 때 술값 이외에 자릿값을 알리는 안내문을 입구에서 볼 수 있었다. 기분 좋게 대화하며 생맥주를 마셨지만 음료 이외에 자릿값이 포함되어 계산이 된 영수증을 보고 씁쓸한 기분이 들었다. 우리나라에는 한 번도 내보지 않은 자릿값을 외국에서 내야 되니

선뜻 받아들여지지 않았다. 그런 자릿값을 N커피숍에서 지불해야 하는 것 아닌가 생각되었다. 삶에도 당연한 예의이지만 미리 공지사항이 있다면 문 앞에서라도 걸음을 멈추었을 텐데. 예의 있는 사람이 되고 싶지 무식한 사람으로 살고 싶지는 않을 것이다.

  책읽기 도구들과 일회용 커피와 텀블러 그리고 사탕을 챙겨서 도서관 계단을 오른다. 노트북 열람실의 문을 여는 순간 나만의 테라피 효과가 있는 커피향 가득한 음악은 없지만 조심히 넘기는 책장 소리, 노트북 자판 두드리는 소리, 사각사각 연필 소리, 볼펜으로 책 줄긋는 소리, 가까이 앉은 학생의 이어폰으로 작게 들리는 알 수 없는 소리 등이 있다. 칸막이 없는 넓은 책상에는 예의를 지키며 선이 없는 각자의 자리에 책과 필기도구가 놓여 있다. 공부 혹은 책을 읽다가도 상대방이 자리가 부족한 듯 보이면 자신의 소지품을 가까이 당겨 준다. 한쪽 벽에는 노트북 열람실을 이용하는 주의사항이 붙어 있다. 중앙 벽면에 있는 가장 큰 글씨가 눈에 들어 왔다. '조용히, 소지품 분실주의, 낙서금지, 음식물 반입금지, CCTV 작동 중'의 문구가 오늘따라 인상적이다. 도서관 이용에 대해 지켜야 할 예의를 미리 공지를 하니 이용자 모두가 먼저 알아서 예의를 지키는 것을 볼 수 있다.

N커피숍에서도 손님으로서 지켜야 할 안내문을 제시했다면 3시간마다 커피를 시켜야하는 주인의 말을 듣고 박차고 나오지는 않았을 것이다.

우리는 몸에 습관처럼 가지고 있는 예의의 틀에 갇혀 있기도 하다. 내가 기준인 예의와 상대방의 기준인 예의를 두고 피해만 주지 않는 예의가 아니라 어떤 예의를 지킬 수 있는지를 고민하기도 한다. 하지만 내가 우선인 예의였다면 우리가 될 수 있는 이유에 부족함이 많다고 생각한다.

존중하는 예의는 애가 먼저 지킨다. 마중물처럼 한 바가지 만큼의 존중의 예의를 준비한다면 누구나 자연스럽게 존중하는 행동을 하게 된다. 잠시 무례해지고 싶어도 상대방을 존중하는 예를 지켜준다. 생각과 말과 행동에서 존중하는 예의가 있는 삶을 살아가야 한다.

> 존중의 열매를 맺기 위해서는 예의를 잘 지켜야 한다.
> 예의에도 존경의 의미가 있다.

출발선이 다르더라도 기다려 주자

삶 안에 '사람'이 담겨있다. 사람 안에 '삶'이 담겨있다.

아이들에게 하루에 동요 100곡을 부르며 지냈던 경험이 10년이 훌쩍 넘었다. 노래를 부르고 춤을 추면 흥겹고 즐거워했다. 그런데 올바르지 못한 방법으로 목에 힘을 주어서 큰소리로 노래를 불러 허스키한 소리의 중저음이 다른 사람들이 듣기에도 안타까워했다. 병원 진단결과는 성대 결절 증상이었다. 이비후과 원장님은 성대 결절은 쉽게 고쳐지지 않고 좀 더 증상이 악화가 되면 수술을 해야 한다고 했다.

강의를 많이 하는 후배 역시 항상 거친 목소리가 고민이 되었는데 어느 날 안정된 목소리로 건강하게 들렸다. 비결이 무엇인지 물어보았다. 1년 정도 성악을 하면서 목소리가 좋아졌고 평소 발성연습과 복식호흡이 도움이 되었다고 했다. 시도해보지 않고는 목소리의 변화를 기대하기 어렵다. 소그룹으로 이루어진 합창부에 들어갔다. 일주일에 한 번 2시간씩 알토 파트를 하면서 발성연습과 입모양등을 확인하며 연습을 했다. 6개월이 지나서 솔로로 합창단 단원 모두가 향상 음악회를 했다. 향상 음악회는 합창단 활동을 하면서 개인적인 역량이 향상되었는지 확인하는 기회이기도 하다. 〈흰 백합화〉 곡을 고르고 수시로 노래를 불렀다. 노래를 연습하면서 높은 음은 목소리가 나지 않은 상태로 연습을 했다. 목소리에 자신이 없고 욕심만큼 목소리가 좋아지지 않아 합창부에 참석하는 게 두렵기도 했다. '점점 나아지고 있다'고 합창부 회원들의 격려가 힘이 되었다. 반복하며 노래를 부를수록 노래를 잘하고 싶은 마음이 들었다. 첫 번째 향상 음악회에는 음정이 불안하고 고음은 소리가 나지 않았지만 최선을 다하는 자세로 참여했다. 다음에는 한 가지 좋아지고 싶은 점은 고음을 부르는 것이다.

1년이 지나 〈에델바이스〉 곡으로 두 번째 향상음악회에서 노래를 불렀다. 대여해서 입은 은빛 드레스만큼은 전문 성악가 같은 모습으로 노래를 불렀다. 〈에델바이스〉 노래 부르는 동안 허스키한 목소리는 재즈풍 스타일로 부르고 있었다. 고음부위에서는 주춤하고 기죽은 목소리로 노래를 부르는 나에게 격려의 박수 소리가 들렸다. 노래가 끝나고 마음 한구석에서 나에게 말한다. '잘했어. 수고했어.' 행사가 끝나고 모든 단원들이 서로의 눈빛을 보며 미소를 짓고 뿌듯한 표정으로 행복해 하는 모습이 떠오른다.

노래 부르는 역량은 합창단원 모두 달랐다. 목소리의 출발선이 다르더라도 기다려주는 마음이 있었다. 노래를 잘 부르는 사람들도 노래 부르기가 겁나는 사람들도 무대에서 서있는 동안에는 서로를 응원했다. 노래 부르는 같은 취미가 서로를 이해하고 존중해 주는 마음을 나누었다. 노래를 잘 부르는 사람들만 노래를 불렀다면 우리의 존중을 느끼지 못했을 것이다. 떨리는 두 손을 잡고 자신 있게 부르려고 하는 모습이 기억난다.

시계의 바늘로 만드는 삶은 정확하다. 그리고 시침, 분침, 초침이 움직이듯 각자의 시간만큼 움직인다.

한 사람의 목소리보다 화음을 이루는 합창은 서로를 존중하는 관계다.

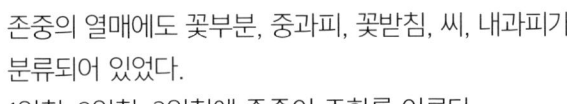

존중의 열매에도 꽃부분, 중과피, 꽃받침, 씨, 내과피가 분류되어 있었다.
1인칭, 2인칭, 3인칭에 존중이 조화를 이루다.

공짜 없는 다이어트

"도와주세요."라고 말하고 싶은데 말할 사람이 없었다. 원망스러웠다. 누구에게라도 원망하고 싶었다. 하지만 누구의 잘못도 아니다. 두 아이의 엄마로 살면서 경력 단절의 시간을 스스로가 답답해하고 있었다. 사람과의 관계가 두렵게 느껴졌다. 무기력하게 느낄수록 나를 지켜내야 하는 시간이었다.

고민의 총량의 법칙이 적용되었다. 고민을 하고 고민을 산만큼 쌓았다. 직장에 다닐 수 없다면 편입해서 공부를 하기로 했다. 부족하다고 생각했던 삶을 공부로 채워보기 시작했다. 학교생활도 단지 공부를 하고 시험만 봤다. 함께 공부를 하는 동기들에게도 관심이 없었다. 무엇으로 나를 다스려야 할지 몰랐다. 남는 시간을 무조건 공부를 하면서 채웠다. 잠자는 시간도 부족했던 기억이 있다. 노력을 했지만 사람들과의 관계력이 가장 낮았던 시기였다. 인간관계가 제일 어렵고 나밖에 모르는 자아비만상태였다.

성공하고 싶은 나에게 물어 보았다.
'성공한 사람은 어떤 사람일까?'
'어떤 목표를 세우고 있을까?'
'성공을 위해 가는 길에 누구와 함께 하고 있을까?'
성공의 법칙을 찾고 싶었다.

엄마는 말씀하신다.
"미영아! 세상에 공짜는 없다."

쉽게 성공하고 싶은 마음이 들 때면 '엄마의 명언'을 떠올렸다. 그리고 스스로 부끄러운 마음을 바라보았다.

농사를 짓는 엄마는 봄이면 밭에 참깨를 심었다. 참깨 싹이 올라오기 전에 참새들이 참깨를 파먹어 싹이 올라오지 못하기도 했다. 하지만 엄마는 아랑곳하지 않고 싹이 올라오지 않은 자리에 다시 참깨를 심었다. 엄마는 참새가 참깨를 파먹을 것을 알고 계셨다.

보이지 않는 욕심과 이기적인 마음이 나밖에 모르는 자아비만상태를 만든다. 결국 나를 위한 정성이 담긴 관심이 필요하다. 나를 알아야 한다. 성공적인 인간관계를 위해 욕심 비우고 또 이기심을 비우는 다이어트가 필요하다. 엄마가 참새를 탓하지 않고 필요한 만큼 또다시 참깨를 심는 사소한 마음의 여유를 닮기로 했다.

마음을 비우는 다이어트는 성공의 첫 존중의 단추를 채우는 것과 같다.

존중의 열매는 농부의 마음과 같다.
이기적인 존중은 욕심을 낳고, 긍정적인 존중은 성공을 낳는다.

상처에 연고 바르기

사적인 관계가 소중하다면 연고를 준비해 둔다. 사랑할 때만 사적이지 않는다.
초록빛 소주가 인생의 연고이기도 한다.

상처를 바라보는 나
연고를 어떻게 바를까?
연고를 발라준다.
오히려

상처를 주는 사람에게 연고가 더 필요하다.

상처를 주는 사람은 상처를 주는지 알면서 상처를 주기 때문이다.

사과를 준비하고 상처를 준다.

상처를 모르는척하지만 상처받은 사람의 눈치를 보고 있다.

말도 안 되는 상처로 상처를 주는 억지는 연고로도 상처를 치료하기 어렵다.

때론 스스로 비상용 연고를 준비해야 한다.

연고를 바르고 밴드를 붙여 준다.

마음의 상처에는 어떤 연고를 바를까?

"웃지마. 비웃는 거야?"

"아니요."

진지하게 말하고 있는데 기분 나쁘게 웃고 있다고 했다. 나도 모르게 입가에 미소가 지어지는 건 관상이라고 말하고 싶다. 나는 웃는 상이다.

Y씨의 이야기를 듣고 난 후 Y씨를 마주하면 무표정을 짓는 버릇이 생겼다. 화난 표정을 짓게 되었다. 무의식적으로 표정도 굳어

졌다.

  1년이 지나 동기를 모임에서 소소한 일상에 대해 웃으며 이야기를 하고 있었는데 Y씨가 나타났다. 표정이 순간 얼음이 되었다. 웃는 모습을 본 Y씨는 '예쁘다.'라고 하면서 보기 좋다고 했다. 자신의 환경과 기분에 따라 웃는 모습이 '비웃다. 예쁘다.'라고 상대방에게 존중 없이 상처를 주는 말을 아무렇게 던진다. 상대방의 감정은 아랑곳하지 않고 자신이 보고 싶은 모습으로 해석을 한다. 듣는 사람은 끝도 없는 벼랑으로 떨어지는 것 같다. 상처가 되어 아물지 못하고 있다. 오늘은 내가 스스로 존중의 밴드를 붙인다.

  상처를 주는지 모르고 상처를 주는 사람은 존중의 감정을 소각시키는 카오스다.

존중의 열매에 상처가 있다.
존중한다. 말뿐인 그곳에 상처가 있다.

실패까지 믿어 주어야 하는 이유

　16층 베란다에 서 있다. 소주 한 컵을 영화처럼 숨도 쉬지 않고 벌컥벌컥 마셨다. 천둥번개치듯 심장 소리가 들린다. 나는 오늘 실패를 했다. 하지만 실패까지 믿어주는 나 자신을 만났다.
　간호조무사 자격증을 공부하며 어려운 점은 지금 생각해 보면 고등학교, 대학교에서 배우지 않은 새로운 과목이 대부분이다. 과목 중에 제일 반복해서 공부한 과목은 실기였다. 평소 밝은 성격인 나는 아픈 환자에게 너무 밝게 웃었다. 아픔을 호소하는 환자에게 진중한 모습으로 대하는 부분이 서툴고 부족했다. 내가 고쳐야 할 부분을 학습하고 노력했다. 어렵게 자격증은 땄다. 하지만 나는 병원 현장에서는 적응하지 못했다. 응급실에 온 환자들은 다리가 부러지고, 피를 흘리는 아이를 들고 오는 보호자는 소리를 지르며 들어왔다. 죽음과 사투를 버리며 응급구조사들과 침대에 누워서 오는 환자를 보면 나는 토하기 일쑤였다.

성인의 자기주도적 학습으로 자기주도적 자격증을 취득했지만 직업으로는 포기를 했다. 첫 번째 직업은 실패였다. 부모님이 병원에서 적응하지 못하는 나를 나무라지는 않으셨다. 내가 부족한 부분을 알아 더욱 새로운 일을 다시 시작하기가 두려웠다.

부모님은 내가 하고 싶은 것에 대해 물어보셨다. 부모님과 고민하는 시간만큼 자신감도 조금씩 회복됐다. 헤어 디자이너가 되기 위해 미용사 자격증을 공부했다. 필기시험을 합격을 하고 실기시험을 준비를 하는데 오른손과 왼손을 사용하는 양손잡이였다. 오른손의 힘이 약해서 섬세한 동작을 하기가 어려웠다. 실기시험을 보는데 불합격이었다. 실기연습 시간을 두 배 정도 집중했다. 다시 실기 시험을 볼 때는 충분한 연습 때문인지 자신 있게 시험을 보았다. 합격을 확인하고 미용사로 취직을 하게 되었다. 포기하지 않고 내가 잘하는 일을 하고 싶었다. 하지만 건강이 좋아지지 않아 더 이상 일을 하지 못했다.

공부를 하고 자격증을 도전하고 취득은 했지만 매번 직장에서 적응하지 못할 때마다 좌절할 수 없었다. 다시 한 번 동화구연 강사가 되기 위해 준비했다. 3년의 시간이 걸려 자격증 과정을 개설했다. 동화구연 강사로 교육과 봉사를 하는 기간 동안 아이들과 학부모님 그리고 유치원 선생님들, 초등학교 선생님들에게 다양한 목소리로 동화를 표현하는 방법을 가르쳤다. 또한 청각장애인들을 위해 목소리를 녹음하는 봉사를 하며 누구보다 나에게 나눌 수 있는 자신감을 갖게 되었다.

삶은 내가 할 수 있는 일과 할 수 없는 일을 구분해야 하는 상황이 있다. 모든 일을 잘하면 좋겠지만 내가 할 수 있는 일에 집중했다. 일에 대해서 성공하고 싶은 욕심은 있다. 하지만 매번 부딪혔던 상황은 '적응하지 못하는데 굳이 힘들게 살아야 하는가?'를 스스로에게 물어 본다. 그렇지만 실패를 위한 준비는 없다. 다만 나를 믿어주는 믿음만 있다.

"강사님! 왜 힘들게 살아야 하나요?"라고 유아교육 3학년 학생이 질문을 했다. 쉽게 답을 하지 못했다. 곰곰이 생각해보면 살면서 힘들게 느꼈던 때는 내가 하고 싶은 일을 계속할 수 없다는 것을 깨달았을 때다. 하지만 그래도 새롭게 먼저 내가 좋아하고 즐겁게 할 수 있는 일을 찾는다. 그리고 내가 도전 할 수 있는 일에 열심히 살아야 하는 이유다. 좋아하고 즐겁고 만족스러운 일은 있다. 하지만 실패가 두려워 도전하지 않는다면 왜 힘들게 살아야 하는 이유도 알 수 없다.

내가 하고 싶은 것에 실패의 경험이 많거나 없다는 것은 주관적인 것이다. 그리고 실패의 과정을 두려워하지 말고 존중한다. 실패의 경험에 대한 중요성을 강조하고 실패적인 삶이 무모할 수도 있지만 성공적인 삶의 탄탄한 밑거름이 된다. 도전이 부족하고, 도전이 어렵고, 도전이 두려워도 실패까지 존중해주어야 한다. 실패는 도전 조차하지 않는 것이다. 다시 한 번 도전한다. 실패까지 믿어주어야 하는 이유는 나를 존중하기 때문이다.

> 존중의 열매를 기대하다.
> "존중자격증을 발급해드립니다."

떨어지는 감을 기다리지 말자

시작이 반이라는 말에서 이미 내가 하고자 하는 일을 시작만 해도 50%는 이룬 것과 같다는 희망을 준다. 마음의 준비만 가질 수 있다면 반이 시작이다. 50은 희망이다. 또 다른 50은 월급이 아닌 기본급 50만 원에서 시작하는 도전이다. 매월 50만 원을 기본급으로 받고 일 년에 성과급을 2번 받게 된다. 성과에 대한 도전이 50만 원부터 시작이었다. 좋은 선택의 기준은 이제 살기 위해서다. 더 이상 떨어지는 감을 기다리면 안 된다. 다만 내가 행동하고자 하는 선택이 내 앞에 놓여있을 뿐이다. 새롭게 시작하는 것에 대해 두근거림과 두려움이 있다. 선택해야하는 순간이 오면 망설일 수가 없다. 내가 하고자 하는 선택에 대한 "좋다."는 나만 안다. 50이라는 숫자는 나에게 희망과 도전에 의미가 있다. 곧 50은 희망적이면서 도전적인 숫자다.

"미영아, 월 50만 원으로 살 수 있어?" 바로 대답하기 어려웠다. 매일 8시간씩 일을 해도 2019년 최저임금이 월 1,745,150원이다. 지금은 매달 내가 일하는 시간만큼 받는 월급이 아닌 성과를 낸 만큼 성과급을 받는다. 기본급 50만 원부터 시작이다. 나는 알고 있다. 무엇보다 성장하고 싶다면 떨어지는 감을 하염없이 기다리면 안 된다.

"미영아, 월 50만 원으로 살 수 있어?"

"뭐래."

이제 50아래로 내려가는 희망과 도전은 없다. 내가 시도하고자 하는 계획에 대한 결과는 이미 50%는 이뤘다.

태도의 변화는 평범한 나의 마음부터 시작이다. 누구를 위해서가 아니라 나를 위한 변화였다. 그림의 떡이 아니다. 내가 원하는 그림의 떡의 변화를 생각한다. 두 손으로 그림의 떡을 잡는 생생하고 구체적인 상상을 한다. 나만이 나의 변화를 알아챈다. 알아

채는 순간 내가 이룬 변화는 나에게 행복감을 준다. 행복감은 곧 나를 존중하는 신뢰다.

존중의 열매를 바라보다.
존중해주기를 기다리지 말아야 한다.

오른손에는 OK 왼손에는 NO

　입맛이 좋아지는 계절이 있다. 봄이 주는 사색의 맛이다. 여름이 주는 시원한 하늘맛이다. 가을이 주는 빛깔 맛이다. 겨울이 주는 따스한 맛이다. 나는 가을이 주는 빛깔 맛이 좋다. 엄마의 음식 빛깔이 곱기 때문이다. 직접 키운 채소와 과일을 이용해서 맛있는 음식을 만들어 주신다. 엄마표 음식 중에 파김치는 뜨거운 밥 한 공기를 뚝딱 먹기에 딱 좋다.
　"미영아, 파김치 가져가야지."
　"엄마, 고마워요. 맛있게 먹을게요."

"이번 파김치는 달달해."

오른손에는 엄마가 주신 파김치를 덥석 잡는다. 무조건 자석처럼 거절하지 않는다. 왼손은 엄마의 마음에 미안해한다. 딸은 오른손에는 반가운 OK를 왼손에는 NO로 망설인다. 엄마가 되기 전에는 알기 어려웠다. 나는 항상 오른손의 OK로 무조건 받기만 했다. 조금도 미안해하지 않았다. 나는 철부지였다. 이젠 부족한 딸을 위해 수고해주신 엄마에게 고맙고 미안한 왼손에 NO를 말한다.

왼손이 철이 들어 이젠 엄마의 마음을 조금은 이해한다.

거절하는 딸에게 엄마는 오해를 하기도 한다. 오른손에는 희망을 왼손에는 존중을 담고 있다. 딸의 의도를 이해하지 못하고 엄마의 생각으로 이해하기도 한다. 모녀 사이에 존중이 필요하다.

엄마의 손에는 OK와 NO가 아닌 사랑과 정성이 균형적으로 조화를 이루고 있었다.

내가 엄마가 되어 엄마의 마음을 존중하는 '엄마의 딸'이어서 좋다.

존중의 열매에 기다림은 조건 없는 기다림이다.
오른손이 하는 존중을 왼손이 알게 한다.

똥고집에도 까닭이 있다

 2주에 한 번 둘째, 넷째 일요일 저녁 8시에 5명이 모여 독서토론을 한다. 세계문학전집을 중심으로 소수로 운영되는 '읽토쓰'의 모임은 소박하다. 읽고 토론하고 쓰는 모임의 특징의 앞 글자만 사용해서 한마음으로 만들었다. 활동을 위해 모임에 올 때면 책을 읽고 각자 하나씩 논제를 가지고 모인다. 토론은 인물 중심과 스토리 사건에 대해 토론을 한다. 그리고 2주 동안 좋은 소식 혹은 책을 통해 고민이 되었던 일에 지혜를 얻고자 하는 논제로 토론을 하기도 한다. 톨스토이의 안나 카레리나 1, 2, 3권을 읽을 시기에는 지루하여 수필, 소설, 자기개발서를 읽고 싶다고 리더에게 제안을 했다. 처음에 세계문학전집을 독서토론을 하기로 한 우리의 약속을 다시 상기시키며 설득하였다. 리더의 똥고집을 믿기로 했다. 하지만 까닭조차 똥고집이면 용서하지 않고 싶었다.

'세계문학전집을 읽으면서 머리가 아닌 가슴으로 생각을 넓혀주고 세상을 존중하는 힘을 길러 준다.'고 확신을 가지고 말한다.

"그래도 세계문학전집은 읽기가 어려워요. 선생님!"

선생님과 꼰대의 차이는 선생님은 질문에 답을 해준다. 하지만 꼰대는 물어보지도 않는 것에 대해 답을 한다. 요즘은 젊은 꼰대는 '내가 대학원에 있을 때에는'이라고 말을 시작하면서 자신의 경험이 곧 진리인 듯 정의를 내리며 말한다. '모든 경험이 나로부터 시작이다.'라는 것은 후배들에게 '나는 꼰대다.'라고 말한다. 꼰대를 나이에 국한시키지 않기로 했다.

인문학과 함께하면 꼰대가 되어서도 존중을 전하는 가치 있는 삶을 누린다.

존중의 열매에 상품이 아니라 성품이 있다.
성품이 좋은 꼰대를 존중하는 이유가 있다.

창피함이 아니라 도전이다

꿈의 사전적인 첫 번째 의미는 잠자는 동안에 깨어 있을 때와 마찬가지로 여러 가지 사물을 보고 듣는 정신 상태이다. 두 번째는 실현하고 싶은 희망이나 이상이다. 나에게 희망과 이상으로 가슴에 새겨지는 그 순간이 생생하게 기억되는 않는다. 다만 나의 눈이 반짝이고 귀가 쫑긋해지는 순간이 중요했다.

"가슴 뛰는 꿈은 없어요. 작은 꿈은 없어요. 작은 꿈을 만나 내 가슴이 뛸 때까지 노력하는 것이지요."는 스타 김미경 강사의 말씀 중 '작은 꿈'의 단어가 나의 가슴을 뛰게 했다. 오늘도 나에게

질문을 해본다. '왜 카네기 강사가 되고 싶었지?'

　스무 살에 카네기 인간관계론을 읽었다. 책을 읽으며 카네기 강사가 되고 싶은 꿈을 갖게 되었다. 무조건적인 꿈이었던 것 같다. 만약 지금 내가 다시 스무 살이 된다면 좀 더 구체적인 기간과 무엇을 해야 할지 적어 볼 텐데. 하지만 아쉽지는 않다. 왜냐면 '꿈은 이루어진다.'를 말하고 적어보며 기다리고 다시 시도하고 포기하지 않았기 때문이다. 대학생이 되면 내가 하고 싶고 되고 싶은 것들이 쉽게 이루어진다고 믿었다. 그땐 그랬다. 시대적인 영향으로 IMF는 학생의 의욕도 접을 만큼 강력한 토네이도였다. 무너지는 감정도 느끼지 못하고 현재의 상황에 맞게 직장에 다니고 아르바이트를 하며 생활 필요한 돈을 벌었다. 나의 친구들도 그랬다.

　바람에 낙엽이 굴러가는 것만 봐도 까르르 웃는 소녀감성으로 꿈을 키웠던 때도 있었다. 하지만 기회는 꿈같이 오지 않는다. 전투적인 기다림과 의지를 통해서만 만날 수 있었다. 나는 그랬다. 강사에게는 말에 대한 힘이 중요성을 알기 때문에 꾸준히 강의를 해야만 했다. 장기적인 말에 힘을 키우는 나와의 약속이 시작되었다. 말의 힘을 키우기 위해서 시간이 지난다고 이루어지는 것도 아니였다. 하지만 포기하지만 않으면 된다. 방법을 찾을 수 있다고 믿었다.

　41세 2월 인사동에서 "하겠습니다."를 대답하고 데일카네기코리아 전북지사에서 일할 수 있는 기회를 잡았다. 20년을 기다린 기회에 나는 0.01초만에 대답을 했다. 첫 출근을 웃으며 했지만 퇴근 후 이불을 뒤집어쓰고 울고 자고 다시 아침이면 눈두덩이는 부은 얼굴이 상기되어 보였다. 다음 날 역시 밤이 되면 이불을 덮고 울기 시작 했다. 3개월이 지났다. 꿈이 이루어진 것과 현실은 왜 그리 다른지.

　'적응이라 하면 일정한 조건이나 환경 따위에 맞추어 응하거나 알맞게 된다.'고 하는데 아직도 깜깜한 터널을 지나는 느낌이었다. 인간관계를 잘해야 하는 무게감에 하루면 열쇠 1000개를 손에 쥐고 어떤 열쇠가 맞는지 확인하고 있는 나를 보기도 했다. 인간관계를 즐길 수 있는 내가 언제쯤 될지 막막하기만 했다. 처음 "하겠습니다."를 막둥이처럼 대답을 했건만 내가 잘하고 있는 건 아무것도 없어보였다. 강사가 되기 전에 나의 기초적인 인간성을 점검해야 했다. 스킨답서스 식물은 여러해살이 풀이다. 생장력이 강하고 초보자가 기르기 아주 좋은 식물이다. 화분에 키우기도 좋지만 줄기를 잘라 물에 꽂아두어도 뿌리가 잘 내려 물가꾸기에 좋다.

나의 인간성을 스킨답서스처럼 흙에서도 물에서도 살 수 있는 생장력이 강하기 위해서 필요한 것을 알아차려야 할 것이다. 환경은 변하지 않는다.

  초보 인간관계를 하는 나에게 스스로가 적응할 수 있는 방법과 해야 하는 것에 대해 잠수 생각이 필요했다. 하지만 잠수 행동은 하지 않았다. 나의 관계는 내가 기르는 장점이 있으므로 만나는 행동은 계속했다. 무엇을 하기보다는 바라보며 관찰을 했다. 시각적으로 보이는 좋은 점을 이야기하며 기를 수 있는 나의 장점을 말했다. 생각의 잠수를 하는 동안 나는 눈을 감지 않았다. 눈을 감고 외면하고 싶기도 했지만 내가 선택한 일에 대해 올바른 방법까지는 아니어도 할 수 있는 방법은 내가 찾을 수 있다고 멈추지 않았다. 행동을 할수록 잠수를 했던 나의 생각도 수면 위로 올라와 숨을 쉬기 시작했다. 나의 생각과 행동을 통해 나의 인간성에 필요한 부분을 찾을 수 있었다. 생각하기조차 두려워하는 내가 있다. 행동하기 두려워하는 내가 있다. 하지만 생각을 하고 생각이 행동이 되도록 한 발짝 한 발짝 걸으며 마음을 움직이도록 나를 존중한다.

나에게 조차 숨구멍에 바람을 불어 넣어주는 존중의 시간이 필요하다.

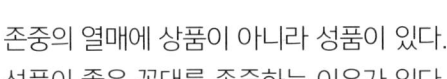

존중의 열매에 상품이 아니라 성품이 있다.
성품이 좋은 꼰대를 존중하는 이유가 있다.

겨울의
사적인
위대함

첫사랑을 새기듯
그렇게 입김 가득 너에게 따뜻함을 불어 넣었다.

불빛이 따뜻하지 않은 건
너의 눈빛이 차가워서가 아니야.

수줍은 날갯짓이다.

뜨거운 물에 시간으로 우려내진 캐모마일

여유로운 노란 찻물이

따뜻한 情(정) 한다.

에필로그

존중의 밑거름

밑거름의 사전적인 의미는 "어떤 일을 이루는 데 기초가 되는 요인"이라는 의미가 있다. 그만큼 존중의 밑거름이 되기 위해서는 '관계의 존중'에서 갖춰야 하는 요건이 있다. 스스로를 존중하는 존중을 통해 지금 존중을 실천하게 된다. 존중의 출발점은 올바른 존중의 밑거름이 된다. 또한 올바른 존중에 대한 의미도 알 수 있다. 마음으로의 존중뿐 아니라 행동을 하는 존중이 필요하다. 개인적인 존중과 타인의 존중도 균형을 이루어야 한다. 모든 사람들의 존엄성을 존중하는 것은 어떤 환경이도 꾸준히 해야 한다.

주관적인 존중 그리고 객관적인 존중이 가치 있는 존중이 되기 위해서는 나의 존재가 우리의 존재가 누구에게 평가되어서는 안 된다. 타인의 관점을 벗어나 고유한 나인 그대로 인정되어야 하는 소중한 존중의 가치가 되기 때문이다.

지금의 모습인 나를 그대로 존중하는 내가 좋다.

오늘도 우리는 존중의 밑거름이 되는 무엇에 대해 생각해보는 시간을 갖는다.

작가의 말

오늘은 상처받지 않았다.
쉽게 상처받지 않는다.
그렇게 우리는 상처 주는지 알면서 또 상처를 주기도 한다.
상처를 홀로 생각하지 않기를 바란다.
상처를 생각하면 상처만 남기 때문이다.
고민과 상처의 다름은 해결하려고 하는 논의가 아니다.
이제 마음의 상처를 바라보며 머뭇거리지 말아야 한다.
스스로의 상처를 알아가면서 존중하는 나를 알게 된다.
순간의 상처를 오랫동안 기억하지 않길 바란다.
상처를 주고받는 것을 두려워하지 말라.
나를 존중하는 시간이 더 많기 때문이다.

나는 쉽게
상처받지
않는다

인쇄 2020년 2월 28일
발행 2020년 3월 1일

지은이 오미영
발행인 서정환
펴낸곳 신아출판사
주　소 전라북도 전주시 완산구 공북1길 16
전　화 (063) 275-4000, 252-5633
팩　스 (063) 274-3131
이메일 sina321@hanmail.net
출판등록 제465-1984-000004호
인쇄·제본 신아출판사

저작권자 ⓒ 2020, 오미영
이 책의 저작권은 저자에게 있습니다. 서면에 의한 저자의 허락없이 내용의 일부를
인용하거나 발췌하는 것을 금합니다.
COPYRIGHT ⓒ 2020, by Oh Miyeong
All rights reserved including the rights of reproduction in whole or in part in any form.
저자와 협의, 인지는 생략합니다.
잘못된 책은 바꿔 드립니다.

ISBN 979-11-5605-754-3 03810
값 13,000원

이 도서의 국립중앙도서관 출판예정도서목록(CIP)은 서지정보유통지원시스템 홈페이지
(http://seoji.nl.go.kr)와 국가자료종합목록구축시스템(http://kolis-net.nl.go.kr)에서
이용하실 수 있습니다. (CIP제어번호: CIP2020008713)

Printed in KOREA